U0894814

# 1分钟超强记忆法

One-Minute Tips for Effective Memorizing

石井贵士 著
陈媛媛 译

中国水利水电出版社
www.waterpub.com.cn

## 内容提要

你根本就不是“记忆力差”，只是缺乏记忆方法。

本书教你如何用最短的时间记忆最多的内容，第一章说明“记忆运作原理”如何产生效果。第二章则要修正大家对记忆的错误观念。第三章告诉读者记忆应该灵活运用记忆法，分短期、长期、单纯、影像记忆四种类型来使用。第四章向读者公开快速提升读书效率的四色记忆法。第五章介绍把短期记忆植入长期记忆的三明治记忆法。第六章将教会读者如何成为考试当天不会记忆失常的一日天才，其中奥妙尽在最佳状态记忆法。让我们一起学习一分钟超强记忆法，为创造更好的自己而奋斗吧！

**北京市版权局著作权合同登记号：图字 01-2016-0816 号**



**图书在版编目（CIP）数据**

1 分钟超强记忆法 /（日）石井贵士著 ; 陈媛媛译.
-- 北京 : 中国水利水电出版社, 2016.4（2020.5 重印）
ISBN 978-7-5170-4215-0

Ⅰ. ①1… Ⅱ. ①石… ②陈… Ⅲ. ①记忆术 Ⅳ.
①B842.3

中国版本图书馆 CIP 数据核字（2016）第 063619 号

**策划编辑：杨庆川　责任编辑：邓建梅　封面设计：张佩战**

| | |
|---|---|
| **书　名** | **1分钟超强记忆法** |
| **作　者** | 【日】石井贵士 著　陈媛媛 译 |
| **出版发行** | 中国水利水电出版社<br>（北京市海淀区玉渊潭南路 1 号 D 座　100038）<br>网址：www.waterpub.com.cn<br>E-mail：mchannel@263.net（万水）<br>sales@waterpub.com.cn<br>电话：（010）68367658（发行部）、82562819（万水） |
| **经　售** | 北京科水图书销售中心（零售）<br>电话：（010）88383994、63202643、68545874<br>全国各地新华书店和相关出版物销售网点 |
| **排　版** | 北京万水电子信息有限公司 |
| **印　刷** | 三河市九洲财鑫印刷有限公司 |
| **规　格** | 145mm×210mm　32 开本　6 印张　95 千字 |
| **版　次** | 2016 年 4 月第 1 版　2020 年 5 月第 7 次印刷 |
| **定　价** | 39.00 元 |

One
Minute

One
Minute

# 目录 Contents

## 第一章　记忆运作原理
## 想成为记忆天才，从懂得原理开始

## 第二章　七大记忆新观念
## 修正错误观念，记忆效果倍增

## 第三章　灵活运用记忆法
## 短期记忆法、长期记忆法、单纯记忆法、影像记忆法

## 第四章 四色记忆法 用色彩激发右脑记忆潜能

## 第五章 三明治记忆法 掌握一天中的最佳记忆时段

## 第六章 最佳状态记忆法 临时抱佛脚也能超常发挥

# 前言

“我一向不擅长背书。如果记性好一点，成绩也不至于这样……”

“我天生记性差，再这样下去恐怕会一事无成。”

你是不是时常有这样悲观的想法？但是，你真的不擅长背书吗？真的是天生就记性差吗？

那么，你有没有听说过“记忆运作原理”？你知道大脑如何把曾经发生过的事情留存在记忆中吗？

别惊讶地反问我："什么是'记忆运作原理'？听都没听过！"难道你从来没有怀疑过这整件事情怎么想都不合理吗？

从心里认定自己是"记忆力差的人"，却连"记忆运作原理"都没听过，又怎么能轻易断言说自己记忆力差呢？难道你不觉得自己记忆力差的原因，就在于不懂"记忆运作原理"吗？

**没错！你根本就不是"记忆力差"，只是缺乏记忆方法。**

让我换个角度向你提问："难道你是在多年研究记忆方法之后，最后才得出自己记忆力差的结论吗？"

应该不是吧？

你并没有为了研究记忆方法而买下200多本书苦心研究，却轻易断言自己是"记忆力差的人"，这样的结论是不是太牵强？

为什么说这件事奇怪呢？举个例子来说，一个不曾打过棒球，也没有接受过正规训练指导的人，只因为曾经去过棒球练习场，对时速140千米的球挥棒落空，就认定自己不是打棒球的料。这样的认定是不是没有道理呢？

所以，你应该首先弄明白记忆运作原理是怎么一回事。然后，按照这个原理去亲身实践，并逐渐养成良好的习惯，自然就会成为记忆天才——事情就是这么简单！

## 学会正确的读书方法

很多人总是自我暗示：我的记性差，根本不擅长背书。因为小时候在学校里考语文、考英语单词，总是弄得焦头烂额，所以就给自己贴上了“记忆力差”的标签。

可是，请你仔细回想一下。这样的学习步骤，这不是等于还没有学习记忆方法和读书方法，就要开始背书和应付考试吗？如果把顺序倒过来，先学会正确的记忆方法，再用对的方法去学习，结果会怎样呢？相信你一定会成为学习高手。

**几乎所有人都是在毫无记忆方法的情况下，就拿起书埋头苦读。如果先懂得记忆方法再来学习，应该就会变得应对自如。**

假如现在要从东京去大阪，“什么都不想，拔腿

就走的人”，和“先查信息，确认怎么去距离最短、时间最快、花费最少的人”，你认为谁会顺利到达大阪？当然是后者。

虽然明知这样，仍然有很多人学习根本不讲方法，拿起书就闷头读，最后效果不好就认定自己“不是读书的料”。

关于学习，我们要遵循以下步骤：

1.掌握正确的学习方法

2.开始学习

掌握这两个步骤，可以帮助我们以最快的速度取得最好成绩。记忆法也是如此。

只要遵循两个步骤：

1.掌握正确的记忆方法

2.记住想要记住的事物

你也可以成为过目不忘的记忆高手。

## 我也曾有过成绩排名倒数的时代

直到中学一年级之后，我才在学习上逐渐醒悟。我从小就是个读书不好、体育不好、音乐也不好的孩子。“如果再不想办法去改变，我注定会成为一无是处的人！”当我意识到了事情的严重性后，我便励志要发奋读书。

为什么要读书？

在体育方面，我越是努力就越有可能受伤。而且，自从被教练安排到少年棒球队的替补以后，我就对自己的运动细胞彻底死心了，知道以后也不可能有优秀的表现；在音乐方面，我没学过钢琴，也不懂五线谱，唱歌又不好听，不可能在这方面一鸣惊人；在绘画等艺术方面，我也为自己的无能为力而不知所措。还记得小学六年级的绘画课，我在贺年卡上画了一只兔子，结果老师问我：“这看起来也不像是猪，会是什么呢？”让我备受打击。

正因为什么都做不好，所以当时我都非常嫌弃自己。只有读书，让我看到一点希望之光，心想自己也许可以通过读书出人头地。

我不是天资聪颖的人，可是只要多用功一点，成

绩就会有明显的进步。我不必担心书读多了会骨折受伤，所以我下功夫积累实力，比别人付出更多的努力用功学习，也一定要让成绩名列前茅。

中学一、二年级时，我每个星期要上三天辅导班；中学三年级时，我要上两家辅导班，一个星期补习六天。

我的成绩确实有了一定程度的进步，可是因为还是不够积极，所以高中没考上理想中的第一志愿填报的学校，最后被男子高中录取。

进入高中以后，需要记忆的学习内容更多了，本来就不够聪明的我很快就落后于其他同学了。我当时的学力偏差值[注1]只有30左右，成绩差到即使参加高考也注定要名落孙山。

## 用对记忆法，3个月就让我学习成绩突飞猛进

就在读高二的四月，奇迹发生了！我在辅导班遇到了一位英语老师。第一堂课就让我备受打击，当时晴

注1：在日本被看作学习能力水平的正确反映，通常以50为平均值，75为最高值，25为最低值。

# 目视并反复背诵

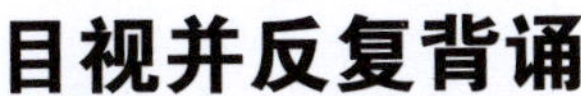

×
- 英语单词要边写边背
- 避免在一个单词上花费太多时间

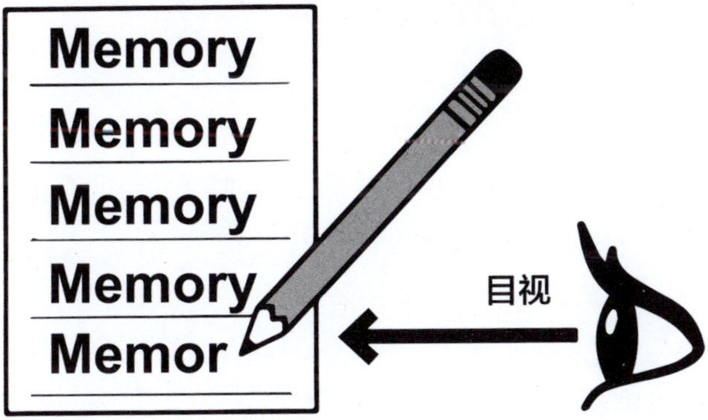

Memory
Memory
Memory
Memory
Memor
目视

◎
- 一秒钟一个单词
- 短时间内不断重复看

快速记忆法
1秒
运用记忆
啪
1秒
记住内容
啪
1秒
化为智力
啪

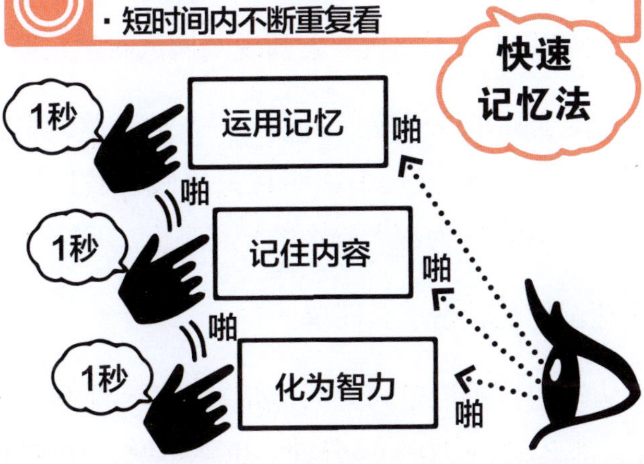

天霹雳般的震撼恍如昨日。

老师首先提问："谁背英语单词的时候是边写边背的？请举手。"台下全都举手了。

"你们当中有谁是不用手写而只用眼睛看，就能把单词背下来的？这样的人请举手。"

可以想象，根本没人举手。

"那么，谁曾经接受过只用眼睛看就把英语单词背下来的训练，而且训练时间超过三个月的？请举手。"全场当然还是没有人举手。

"既然你们都没有试过，又为什么认为这是不可能做到的事呢？"当头棒喝！

"没错！我的成绩这么差，学力偏差值只有30，还能差到哪里去？不如按照老师说的试试看吧！"

这位老师是这样教我们的："背英语单词不能边写边背，必须一秒记一个，而且只用眼睛看！只要不断重复看，就会成为深入脑海的记忆。"

快速记忆法就是这么简单。

以边写边背英语单词为例，如果写下一个单词需要6秒钟，那么6秒×10次=1分钟。也就是说，1分钟最多

只能记10个单词。

如果用快速记忆法——目视背诵，那就是1秒×60次=1分钟，1分钟可以记60个单词。

按照这位英语老师所说的方法，我努力学习记忆，结果英语的学力偏差值真的在三个月内从30提升到70。想都不敢想的美梦瞬间变成事实。

因为成绩很差，本来对考大学已经不抱任何希望，但是仅仅三个月就让我的成绩突飞猛进，甚至可以考取早稻田、庆应这些一流大学。后来我想：既然背英语单词都可以用目视，一秒背一个，我如果训练自己用同样的方法来背世界史，应该也行得通。果不其然，三个月后，我的历史学力偏差值也从30提升到70。

就这样，我在高三时参加庆应大学模拟考试，竟然取得高中全国榜首的成绩。资质普普通通、天资并不聪颖的我，只因为运用快速记忆法，就轻松取得了全国模拟考试第一名的好成绩！

只要了解大脑的记忆运作机制，掌握一分钟超强记忆法，你也能够创造和我一样的奇迹。

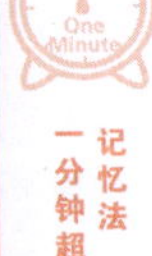

## 掌握一分钟超强记忆法，你也会成为记忆天才

一分钟超强记忆法究竟在学习中给了我多大的帮助，让我的成绩一鸣惊人呢?

——高二时，三个月的时间就让英语学力偏差值奇迹般地从30提升到了70。

——历史科世界史的学力偏差值，也仅仅用了三个月时间就从30提升到70。

——报考庆应大学经济系、商学系、文学系全部都上榜。

不仅如此，我在大学期间做兼职家教。同样成功地让我的学生在三个月内从学力偏差值从30进步到70。而我分享记忆方法所出版的书，也承蒙大家的厚爱，累计销售超过130万册。实在万分感谢!

如今，应用快速记忆法来读书的人已经超过百万人。事实上，就读书方法而言，日本至今还没有其他书能像“一分钟系列”这类创下如此骄人成绩的方法书。这并非自卖自夸，在日本，能跻身“年度畅销书排行榜第一名”，赢得广大读者的信赖并创造实际佳绩的方法很少，所以各位读者大可以放心学习本书的一分钟超强记忆法。

没错。只要掌握一分钟超强记忆法，就可以成为记忆天才！

## 一分钟超强记忆法的具体技巧

为了让读者只要在阅读以后就能取得实际效果，本书在方法和技巧上费尽心思。首先，第一章说明“记忆运作原理”如何产生效果。要想成为记忆天才，大前提就是必须了解怎么做才能够记忆不忘的原理。

第二章则要修正大家对记忆的错误观念。虽然理清什么是重点很重要，但是明确分辨什么不是重点，才能够让我们进一步把握要点。例如，很多人都认为复习功课必须花费两三个钟头的时间，这就是错误的观念。如果只要一秒钟就能够完成复习，不是很好吗？就算你复习60次也只需要一分钟而已。

第三章告诉读者记忆应该灵活运用记忆法，分短期、长期、单纯、影像记忆四种类型来使用，好让读者明白记忆的种类有哪些，并且传授个别攻略之道。

你知道记忆只有四种类型吗？如果不能理解这个事实，那么你就只能一辈子健忘。

第四章向读者公开快速提升读书效率的四色记忆法。这是想要用最小的努力取得最大成效的人所必须掌握的技巧。人的右脑对色彩的反应异常敏感，而懂得如何运用大容量的右脑来帮助记忆，正是记忆高手的必胜法则。此外，本章还会针对记忆的四个阶段进一步说明。

第五章介绍把短期记忆植入长期记忆的三明治记忆法。有时虽然记住了，但一转眼又忘干净了，这样的记忆毫无用处。记忆的方法与维持持久记忆的方法其实是完全不同的套路。本章要传授维持长久记忆的方法。

第六章将教会读者如何成为考试当天不会记忆失常的一日天才，其中奥妙尽在最佳状态记忆法。任凭你再怎么博学强记，如果大考当天记忆失常，就没戏唱了。无论如何，在考试当天发挥天才能力才有用。始终都是天才，偏偏考试当天出状况，很抱歉，你就只能名落孙山。这一章就是要传授给大家如何在大考当天发挥最大潜力的记忆法。

怎么样？一路看到这里，你是否有自信自己也可以成为记忆天才了呢？

## 掌握四大绝招，就能过目不忘

一分钟超强记忆法是用最短时间获取最大功效的记忆法。学会它，你可以在一分钟内记住大量信息，就像一分钟背60个单词，或是一分钟读完60页笔记。

一分钟超强记忆法有以下几个特长：

——目视就能记住，所以速度快。

——只要一分钟就可以反复记忆。

——通过反复记忆，深化为持久记忆。

——色彩刺激右脑激发记忆潜力。

——大考场合也能瞬间提升记忆实力。

一分钟超强记忆法完全依据大脑与记忆的运作原理设计，所以一旦深入脑中，便能达到过目不忘的效果。善用这种记忆法，就可以把以下或者关于读书和记忆的种种烦恼全部一网打尽。

“我头脑不好，记都记不住。”

“以为记住了，却立刻忘得一干二净。”

“一上考场就失常，无法发挥实力。”

“忙得不可开交，没时间好好读书。”

那么，该怎样做才可以把一分钟超强记忆法活化成自己的能力呢？只要学会本书中所传授的四大绝招，任何记忆问题都能轻松化解。

——灵活运用记忆法

——四色记忆法

——三明治记忆法

——最佳状态记忆法

我自己就是在天资平庸的条件下起步，最终在全国模拟考试中名列榜首，这完全是因为我掌握了记忆方法。通过钻研记忆运作原理，尝试各种各样记忆法，我把最快速度提升最大成效的记忆法加以体系化，就成为一分钟超强记忆法（一分钟超强记忆法的四大绝招，是以现有的脑科学为基础，并且加入我个人的研究成果所完成的）。

只要学会这一套方法，相信各位读者必定能够创造更多美好的奇迹。

## 掌握方法，成功近在眼前

“是吗？原来还有这个叫做一分钟超强记忆法的技巧，等我有空就试一试。”像这样说的人往往是一天拖过一天，最后可能连这本书都忘在脑后了。“我现在就立刻学习！”像这样毫不迟疑、说做就做的人，注定会获得成功。

“只要读过就能变身记忆高手”的书，除了本书以外大概没有第二本了。因为这本书里满满是实用的宝贵内容。

你的成功已近在眼前。你愿意信任我并且放手去做吗？或者，你会满脸不屑，把这本书重新放回书店的架子上？一切由你的态度决定。耐心读到这里的你，应该已经萌生跃跃欲试的冲动。而且，学习一分钟超强记忆法无须花费你几万元的学费。试试看，你没有任何风险，也不会有任何损失。

此刻，你正站在是否能成为记忆高手的十字路口。来吧！让我们一起学习一分钟超强记忆法，为创造更好的自己而奋斗吧！

石井贵士

# 第一章

## 记忆运作原理
## 想成为记忆天才，从懂得原理开始

01

One-Minute Tips for Effective Memorizing

# 内心深处认为重要的事，绝不会忘记

“那个人天生就记性好得很，可惜我就没有这种本事。”相信许多人都有过羡慕别人记忆力好的不平衡心理。为什么偏偏我就记性差。相信抱怨自己脑子不够灵光而自卑的人应该不在少数。

一说到记忆力，我们自然而然地认为，人应该有与生俱来的好记性和坏记性之分。

如果这样想，你就错了。

再厉害的天才也有健忘的时候，再平凡的人也有牢记不忘的事。既然如此，记忆力的好坏到底由什么决定呢？

## 内心深处认为重要的事绝对忘不了

你会忘记自己喜欢的女孩叫什么名字吗？但对你不喜欢的，或者可有可无的人，你根本不在乎他们叫做张三还是李四吧！朋友的生日你可能会忘记，但是自己的生日总不可能忘记吧！

**人们自己内心深处认为重要的、珍贵的事绝对不会忘。**

擅长历史的人，内心深处认为历史朝代的年号很重要。因为他们深信，只要记住年号就可以立即解答很多问题，能正确判断考题的答案。

“高考金榜题名，人生将会一片光明！”“高考名落孙山，人生就会黯淡无光！”

从内心深处这样深信不移的人，学习时的记忆力

内心深处认为重要的事
绝对忘不了
喜欢的
女孩名字
自己的生日
!!
不会忘
路人甲的
姓名
??
朋友的生日
忘干净

自然会增强。相反，如果认为“人生不是只有考试，没上大学照样功成名就的，大有人在。”“读那么多书，踏入社会也不一定用得上，请问毕业以后还有机会用到二次方程式吗？”

从内心深处如此想的人，学习时的记忆力就会变差。也就是说，大脑判断为重要的、珍贵的，就会牢记不忘；而认为不重要、没必要的，就会被抛诸脑后，慢慢淡出记忆。

对你来说，不愉快的记忆会被判断为不重要，所以很快就会忘得一干二净。但是和恋人的甜蜜回忆、种种愉快的生活体验，对你而言很重要，所以会让你念念不忘。

简而言之，大脑对于判断为“一定要用心记住的事”会牢牢记住，而对于判断为“可有可无的事”就会从记忆中淡化。

## 下定决心是强化记忆力的最大秘诀

为了强化记忆力，有件事你一定要做。那就是，从内心深处相信你此时此刻所学习的记忆法，一定会对自己的人生有所帮助。

“反正我又不想当律师、检察官或是法官。”有着这样想法的人，再怎么准备司法考试也不能把考试内容记忆在脑子里。但是，“我的父母兄长都是律师，连亲戚也是律师，从小就认为‘不成为律师就誓不罢休’，所以我生来就是要当律师，没有其他选择。”如此深信不疑的人，准备司法考试的能力肯定会特别强。

“大学还不都是大同小异，考上哪一个都差不多！”这样想的人肯定不会追求更优秀的成绩。可是，“我和最心爱的她约定，只要考上东京大学，她就会嫁给我，所以考上东京大学是我人生最重要的目标。”这样的人就会怀抱不达目的、誓不罢休的决心，记忆力大大增强。

“反正我不需要和外国人说话，一辈子也不打算去国外。”这样想的人即使学外语也是一学就忘。然而，如果有个身价百亿的大富豪承诺，只要你努力学外语一年，他就给你一亿元奖金，相信你肯定会奋发图强吧！

One-Minute Tips for Effective Memorizing

# 大脑生来就善忘

不管怎么样，关于记忆，你下定决心从内心深处认为重要，是提升记忆力的最大秘诀。

“可是无论我再怎么认真记忆，最后还是忘得一干二净啊！”你是这样想的吗？没错，大脑生来就善忘。

在这里，我要给大家介绍一下著名的艾宾浩斯遗忘曲线（The Ebbinghaus Forgetting Curve）。

## 艾宾浩斯遗忘曲线

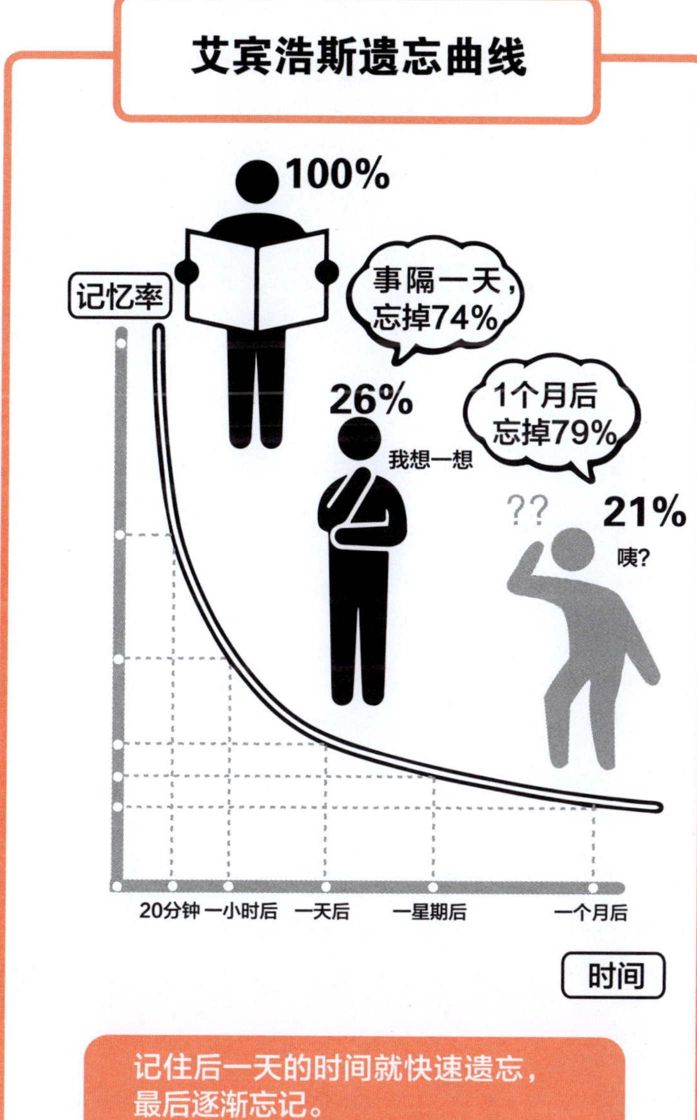


记住后一天的时间就快速遗忘，
最后逐渐忘记。

记住后一天的时间就快速遗忘，最后逐渐忘记。

## 不复习，一星期后77%忘干净

说到对记忆的研究，艾宾浩斯遗忘曲线可说是最基本的理论，就像学英语要先会26个字母，学算术要先会背九九乘法口诀一样。

根据艾宾浩斯记忆遗忘曲线，可以知道：

人在20分钟后会忘记42%——记住58%

人在一小时后会忘记56%——记住44%

人在一天后会忘记74%——记住26%

One-Minute Tips for Effective Memorizing

# 复习的最佳时机

人在一个星期后会忘记77%——记住23%

也就是说，我们必须以“人是善忘的动物”为前提，从“记住自己想要记住的事物”作为起点。

那么，该怎么做才能达到学而不忘，让想要记住的内容留在大脑成为持久的记忆呢？答案很简单，只要复习就行了。复习的工作主要有两大重点：

时机——何时复习？

次数——复习几遍？

艾宾浩斯遗忘曲线就是要告诉我们复习的最佳时机。

**从结论上来说，复习的最佳时机是在还记住一半的时候。**

在还记得80%、90%时就立刻开始复习，其实只是在浪费时间。等遗忘到一定程度以后再复习也不迟。不过，等我们忘掉50%以上再回头复习的话，可能需要重新理解，又得多花些时间，从时机来看稍显晚了一点。

所以，复习的最佳时机应选在记住一半而又忘记一半的时候，也就是学习20分钟至一小时的时候。

## “20分钟一次”一生不忘的循环复习法

20分钟一次的复习间隔，大概就是电视循环播放广告的频率。电视广告是花大价钱买观众记忆的事情，15秒钟的广告就价值数十万元。

为了达到效果，广告播放时机肯定要善用艾宾浩斯遗忘曲线。从记忆遗忘曲线可以知道，连续两次播放同一个广告的效果，远远不如节目进行20分钟以后再插播一次广告，等节目接着播出20分钟以后，再次插播同一个广告。

不管是在戏剧节目、新闻节目还是搞笑节目中插播电视广告，通常都不外乎这个播放模式。每隔20分钟左右，在观众忘掉一半的时候再播放一遍，就容易在观众的记忆中占据一定空间。

现在如果有人问你：“远足要带什么零食？”你会如何回答呢？那当然是“乖乖”了。

如果听到“中秋节用的烤肉酱”，你会想到什么呢？多数人的第一反应大概是“一家烤肉万家香”吧！

这两个例子或许有点老掉牙，青少年可能记忆比较模糊，不过30多岁的人应该都会有所共鸣。可是，你可知道这些广告已经很少在电视上出现了，但你还是可以在瞬间记起十多年前的广告内容。

十多年前的事，你都能记得清清楚楚，这样的记性

难道不是天才吗？如果有人如此夸奖你，你应该会反驳说：“别瞎说了，这种事谁都知道。”这就是以每20分钟一次的频率，一再反复播放，便成为大众一辈子不忘的记忆。

花大价钱费尽心思要让人记忆深刻的电视广告，就是掌握了20分钟复习一次的最佳时机，我们学习的时候也可以按照这个方法，掌握并运用好这样的时机一定会有好的结果。如果真的没有时间密集复习，那么延后到一小时一次也可以。

One-Minute Tips for Effective Memorizing

# 一天复习三次或九次效果最佳

那么，一天该复习几次才可以达到最佳效果呢？

答案是三次和九次。为什么是三次呢？因为同一件事只有听过三遍，才能使人信以为真。

**重要的事，要说三次！**

比如，店家告诉你：“我卖得很便宜哦！”你会相

信吗？一般人应该不会就这样被轻易说动吧！

如果店家连着说了两次：“我卖得很便宜、很便宜喔！”你会不会动心呢？相信你多半仍然不以为是，心想“哪一家店不是这样说的”，不会把它当一回事。

可是，当店家说“便宜、便宜、没有比这里更便宜的了”，连续强调三遍的时候，你就很难不心动而停下脚步了。这就是为什么超市这类的卖场在叫卖的时候，同一句口号喜欢连着喊三遍的缘故。

现在请你想一下，假如有人称赞“你好可爱、长得好帅”。当第一个人称赞你“好可爱”，你应该会认为那不过是客套话。而当同一天两个人说你长得真可爱时，你或许依然会认为他们肯定对女生都这么说。可是，同一天有三个人说你“真可爱、模样实在太讨人喜欢了”，这时，你就很难不相信自己真的是人见人爱了。

也就是说，大脑在运作上倾向于对人们说过三遍以上的话信以为真。（赫尔曼·艾宾浩斯的科学实验证明，要让记忆牢固必须重复三遍以上。）

## 艾宾浩斯遗忘曲线

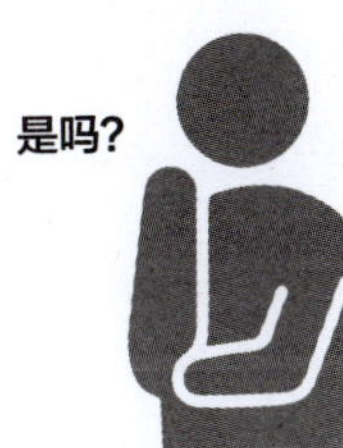

大脑对于一再重复的事物自动认定为“很重要”并加以记忆。

## 一天复习三遍，记忆深植不忘

一天复习三遍，会在大脑中烙下“这件事很重要，必须得用心记住”的认知。电视广告也是在一个小时的节目里分段播出同一则广告三遍，同一则广告看了三遍，会让观众不自觉地认为这个商品一定不会骗人。

那么，大脑是如何辨别重要或者不重要的呢?

**开启记忆模式的原理和原则在于，大脑会把一再重复的事认定为重要的事。重要的事会不断重复，不重要的事就不会重复。**

你会记得每天见面的人，但记不住一年才见一次面的人叫什么名字。天天计算的二次方程式自然会熟记，然而三年不用的话，大脑便会将它列为不重要的信息而抛诸脑后。

## 一天复习九次是记忆天才的必胜绝招

那么要想让记忆力升级，必须要做的事情是什么呢？那就一天复习九次。

具体方法是把九次复习分配在早、中、晚的三个时段进行，每个时段复习三次（至于一天当中何时的记忆力最好，在本书的第137页有详细的说明）。

**一天三回，一回三次，共九次，就是成为记忆天才的必胜绝招。**

前面提到，同样的事重复三遍，大脑就会把它认定为重要的事。而如果以复习三次为一组，分三个时段各进行一组，记忆就会更加牢固。一天的复习次数不是一次，也不是六次，而是三次或九次的效果最好。

归纳以上的结论就是：

**①20分钟（至一小时）一次的间隔加以复习。**

**②一天复习三次或是九次。**

这是从记忆运作原理所引导出来的必胜法则。现在，你了解到记忆的诀窍了，恭喜你，终于站在成为记忆天才的起跑线上了！

那么，接下来在第二章中，我们来谈一谈“关于记忆法的7个新观念”吧！

## 一天复习九次的学习效果绝佳！

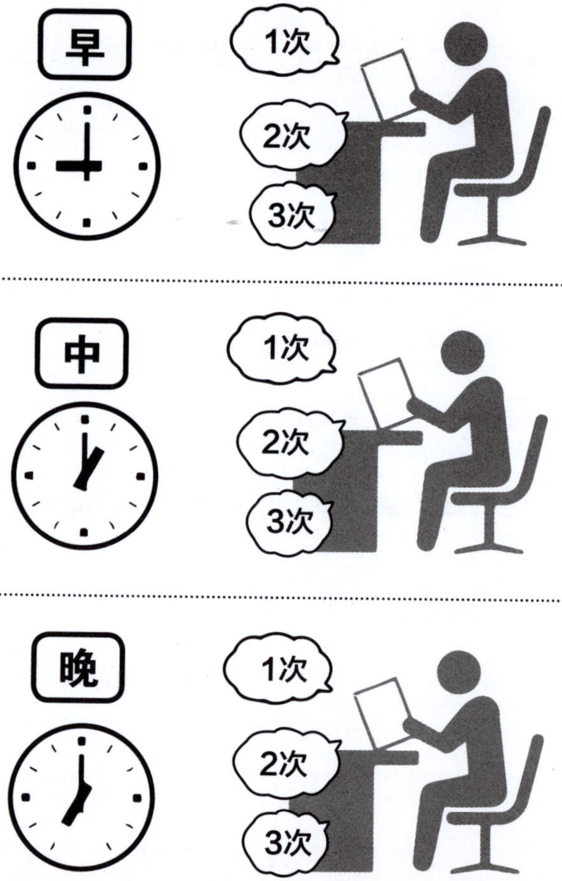

早

1次
2次
3次

中

1次
2次
3次

晚

1次
2次
3次

把九次复习平均分配在一天的三个时段，每个时段复习三次。

# 第二章

## 七大记忆新观念<br>修正错误观念，<br>记忆效果倍增

# 新观念 1

One-Minute Tips for Effective Memorizing

## 写下来容易记住……×
## 目视才容易记住……√

很多人都认为自己天生就很健忘，“背书一直是我的弱项”。大家都这样深信不疑。

其实，之所以会这样想，或许是因为一直都记不住英语单词，又或许历史这些需要背诵的科目也总是搞得一塌糊涂。这些悲惨的经历，让很多人对自己形成了健忘、不擅长记忆的偏见。

## 你不是天生记性差

让我们看清事情的本质吧！

你说自己不擅长记忆，那是因为你还不知道这套记忆法，所以不明白真正使用记忆力的方法。而读过这本书之后，你会懂得运用正确的记忆方法，就再也不会是昔日的吴下阿蒙。

接下来，就让我们认识一下关于记忆的正确观念吧！

## 目视才是最好的记忆方式

说到背英语单词，很多人会说："当然是边写边背！要想把单词记住，不反复写上好几遍是记不住的。"几乎所有人都误入这样的误区。现在就请你立刻把这个错误的观念丢弃。

## 善用"眼见为实"的记忆法，才最有效

你的脑海里是不是一直有个声音，"写下来才容易

记住”，但你是否曾经想过边写边背，这样记忆速度就慢了。需要记忆时，基本上通过目视就记住才是正确的做法。

以背英语单词为例，写一个单词大约需要六秒时间。6秒×10次=1分钟，也就是每分钟只能记10个单词。如果是只用目视就记住的快速记忆法，1秒钟看1个单词，1秒×60次=1分钟，就等于1分钟可以记60个单词。仅仅做到这一点，速度就相差六倍之多。

从耗费精力的程度来说，边写边背其实并不轻松。只用眼睛看，体力负担上要轻松得多。可能有人会怀疑，“如果我只用眼睛看就能背下来，今天就不会读书读得那么辛苦了。”，“用眼睛瞄一眼就可以记下来，这是极少数天赋秉异的人才可以办得到吧！”会这么怀疑，我一点都不意外。

那么，请问：“你是否曾经训练自己以一秒一个单词的速度来记忆，只利用目视进行记忆，而且持续三个月以上？”我想绝大多数人都会回答：“NO”。就是这样，只怀疑，却从未开始尝试就认定不可行。别忘了，人的潜能无可限量。你缺少的只是一点训练，经过训练，你一样可以办得到。

## 善用"眼见为实"的快速记忆法

用手写

一分钟写10次

×

用眼看

1分钟60次

◎

看的速度比写的速度快了6倍

## 先学会最有效率的学习方法再用功

两军交战，最忌讳的就是毫无策略就直接进攻。总要等军师定好战略，再对敌人发动攻势。可是一说到读书学习，大多数人却毫无准备，只是一个劲儿地横冲直撞。

先学习记忆方法，然后再开始读书学习，这样才能达到事半功倍的效果。大家认为有没有道理呢？当然，如果明天或者下个星期就要考试，那也只好先行动再说。因为考试已经迫在眉睫，不赶紧冲刺就来不及了。

但是，把时间拉长一点来看，正是因为当初没有先学习记忆法再用功，现在才会火烧屁股的，不是吗?

所以说，此刻正是决定你脱胎换骨的时候。

你必须先百分之百地相信：目视就能背下来的记忆方法，是最容易牢记又轻松好用的记忆绝技。只有这样，才能够真正学会最快速记忆法。

## 目视并反复背诵就是快速记忆秘诀

× · 英语单词要边写边背

· 避免在一个单词上边花费太多时间

Memory

Memory

Memory

Memory

Memor

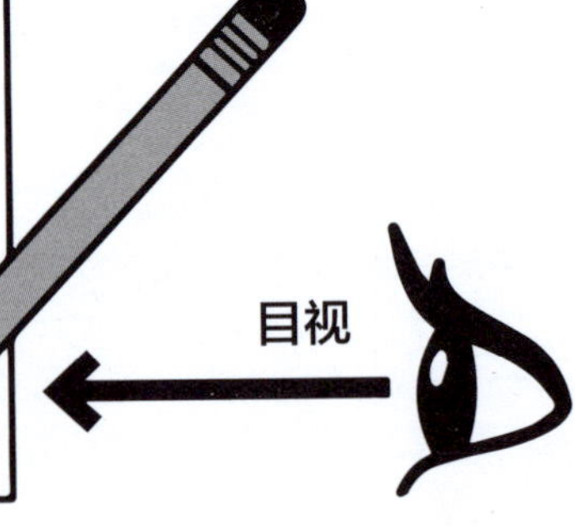


◎ · 一秒钟看一个单词

· 短时间内不断重复看

# 新观念 2

One-Minute Tips for Effective Memorizing

## 一次牢记比较好……×
## 分段记忆比较好……√

毫无疑问，只要动一动眼睛，用目视就可以记下来是再好不过的结果。但是也有例外。也就是说，用目视记忆的方法并非万能，这一点必须事先声明。

这个例外会发生在外语单词的拼写，还有汉字的书写上面。

拼写，顾名思义，本身就是写的作业，而语文考试

也多半要求考生写出来。考题都已经要求写出来，如果你还坚持用目视记下来，那就适得其反了。

**关于英语单词的学习，正确的做法是：如果是文意相关的语法理解，就用目视直接记下来，如果是拼写，就要用手边写边背。**

现在的考试题型多数以选择题为主，所以需要拼写记忆的内容也减少了许多。但如果语文考试考题要求把字写出来，那么准备考试的时候就要边写边背，效率才会高。但是，考题如果是阅读类的题型，用目视直接记下来的方法才是对的做法。

## 分门别类是记忆法宝

请记住，记忆时，分门别类记忆是必胜法宝。背英语单词也一样，要为用法与写法采取不同的方式，分别记忆。

或许有人这样认为：边写边背，将用法和写法同时背下来，不是更有效率吗？但是需要注意的是，其实这样会适得其反。背英语单词最轻松有效的方法，就是一次只记住一个单词的一个意思。

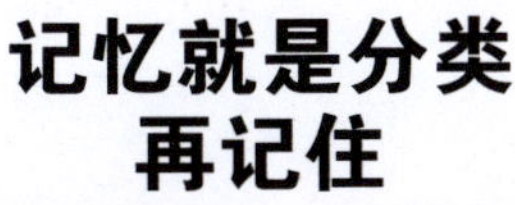

边写边背

边看边背

同样是背单词，用法与写法各有不同的记忆方式

当一个单词有四五个意思时，要想同时背下来通常会很辛苦。所以每次只记住一个单词的一个意思，然后逐次加上第二、第三、第四个意思，就可以轻松把所有的单词意思都背下来。因为要想一次就记住，一口气全部背下来，野心越大，花费时间就越多。

细分记忆内容，是提升记忆效率的诀窍。因为有能力分类就等于理解了内容。

你曾感慨书读得不好，或许是对学习不开窍，其实只是因为没有做好对信息进行分类的缘故。以数学不好的人为例。你是为二次函数伤脑筋呢？还是不会解圆形问题？或是不会解方程式？是看不懂应用题呢？还是计算时特别容易出错？或是被鸡兔同笼的题型给难倒？这些，你分辨得出来吗？

正是因为连自己也不知道到底哪里不会或不懂，所以才会讨厌这个学科。至于历史不好的人，也是搞不清自己究竟是远古史、古代史、近代史、现代史哪一段历史读不懂，才会越读越心烦。

而如果分别找出棘手的部分并究查到底，就能够克服对该科目的恐惧。分类检查后，只要各个突击，逐一攻克就行了。

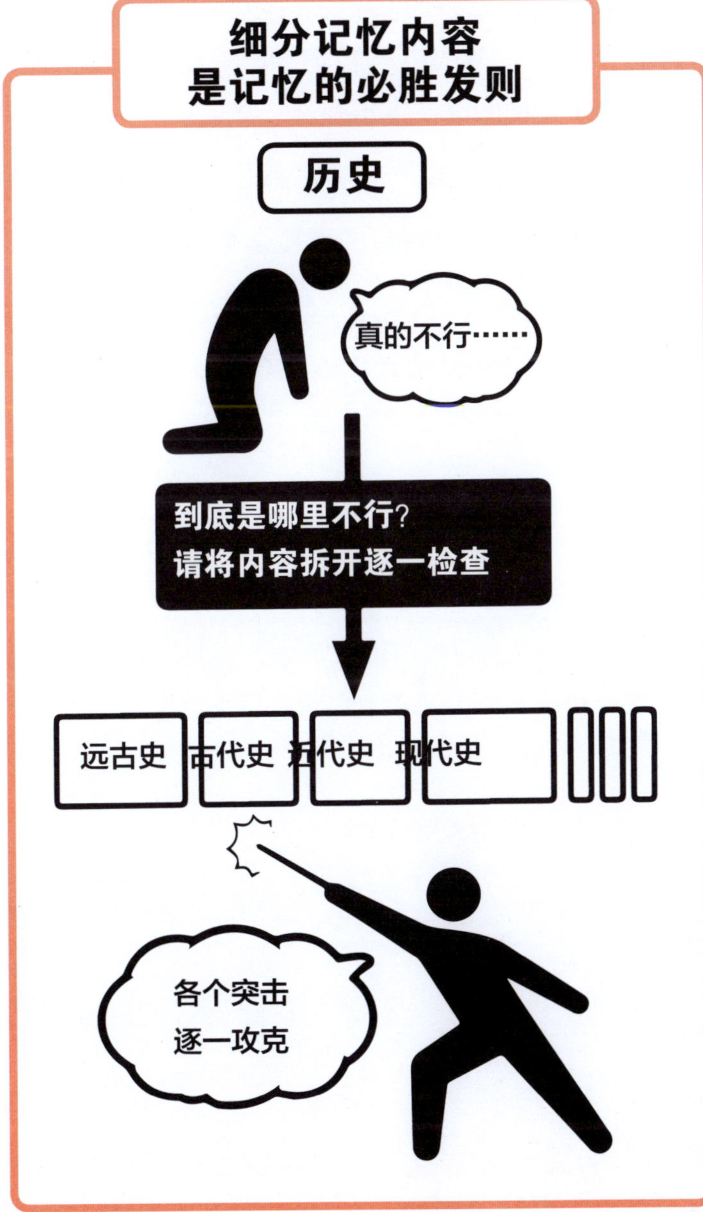
细分记忆内容
是记忆的必胜发则
历史
真的不行……
到底是哪里不行?
请将内容拆开逐一检查
远古史
古代史
近代史
现代史
各个突击
逐一攻克

大象体型庞大，所以需要喂食大量的食物。可是大象再怎么能吃，一次也只能吃一口。读书何尝不是如此。分类、分批阅读非常重要。

以背英语单词为例。你首先应该做到知道单词的意思，可以先不达到会拼写的程度。然后，只要边写边记住如何拼写就可以了。

正因为很多人太着急，就像强迫大象一口吞掉所有食物，才会被噎住，别心急，一次只要喂大象一口就好。

同样地，反复记忆也要分批持续地进行。各个突击，逐一攻克，正是记忆的特性。

# 新观念 3

One-Minute Tips for Effective Memorizing

## 端坐书桌前用功……×
## 边走边出声背诵……√

“我在书桌前总是坐不住。每次背书，我就容易走神，完全没有办法专注。”

没错，这都因为你受到读书就该端坐书桌前好好用功的观念的束缚，再加上你深信边写边背是必须的方式，就更加离不开书桌了。

## 边走边背才是背书的标准动作

常听人说背书要五感并用，这种说法完全正确！只是，背书能用到嗅觉的机会不多，所以嗅觉在此只能起到很小的作用（但稍后我还是会传授用嗅觉帮助记忆的方法）。

边写边背的时候，用到的是手的触觉和眼睛的视觉。口中发出声音，念念有词的背诵，是舌头的味觉、眼睛的视觉与耳朵的听觉三管齐下。

**边写边背……触觉与视觉并用。**

**边读边背……味觉、视觉、听觉三管齐下。**

单纯比较两者的效率，读出声音可以达到一倍半的效果。如果你还想要追问：除此之外，还有更好的方法吗？我会建议你：读出声音，边走边背更好！因为两腿走动本身就是在使用触觉功能，这么一来，五感当中除了嗅觉以外，其他的触觉、味觉、听觉、视觉四感都用上了。

**边写边背……触觉与视觉并用。**

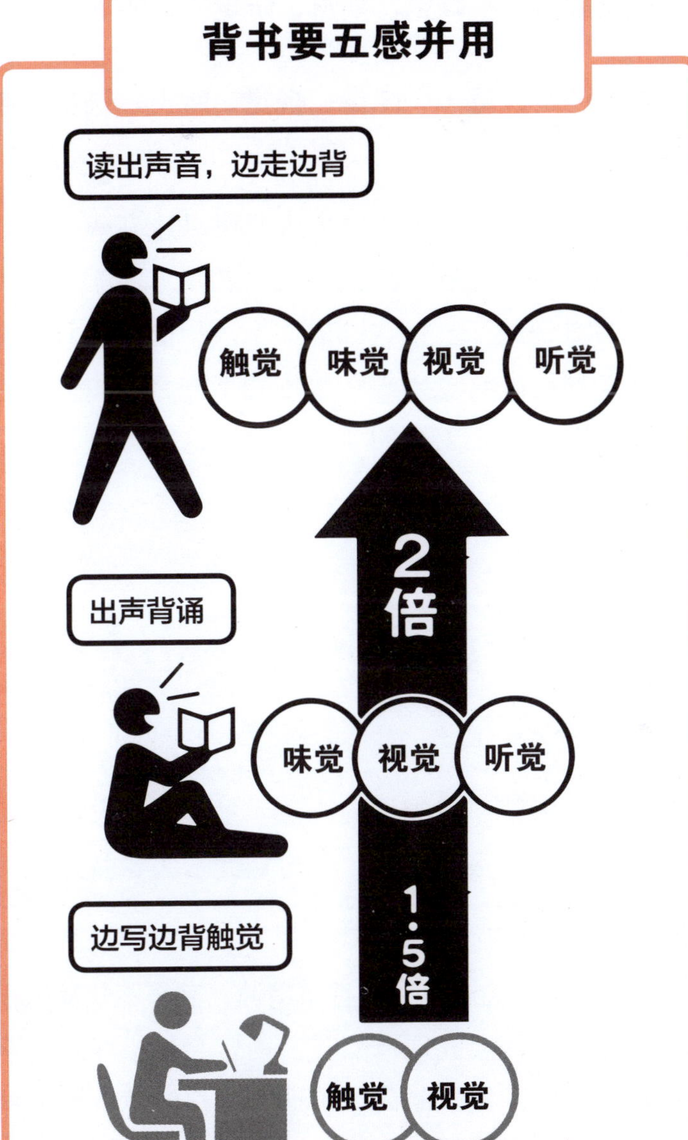
背书要五感并用
读出声音，边走边背
触觉
味觉
视觉
听觉
2倍
出声背诵
味觉
视觉
听觉
1.5倍
边写边背触觉
触觉
视觉

**边读边背……味觉、视觉、听觉三管齐下。**

**边读边走边背……味觉、视觉、听觉、触觉四感皆备。**

比起边写边背，边读边走边背可以达到两倍的效果。而最能够表现这一点的，就是在日本小学等教育机关常会看到的二宫金次郎的铜像。相信大多数日本人都深信这是二宫金次郎在繁忙的工作之余，仍然手不释卷的英姿。正因为如此，我才说这就是最有效率的读书姿态！

## 连嗅觉都被调动起来的香氛精油

如果还想让记忆效率进一步提高，那么可以尝试在书房里使用精油熏香灯的方法。虽然这个办法要花钱，而且只能在室内使用。不过如此一来，就连五感里的嗅觉都能够派上用场。

我在学生时代还不懂得香氛精油，甚至不知道世上还有这种东西，换成现在的我，一定会不惜成本这么做。附带一提，据说薄荷、迷迭香、柠檬草、葡萄柚等精油具备提升专注力、强化记忆力的作用。不管再

边走边背效果
最佳
味觉
视觉
听觉
触觉

怎么说，萝卜白菜各有所爱，这种方法还请各位务必亲身体验。

求知心切的人或许会说：既然有效，那全加在一起不就可以了！请等等，把香味全部都混在一起那可就不香了。读者们不妨多多尝试几种复方精油，从中找到最适合自己、最能够激发士气的香味。

刺激嗅觉还有更讲究的用法，就是可以分科目使用不同的香气。例如，背英语单词的时候点葡萄柚精油、背历史的时候点薄荷精油……把这些香味带到考场上，上阵大显身手之前嗅两下，应该会有唤醒记忆的作用。

无论如何，把香味与记忆结合在一起，还是要自己亲身尝试后才能准确把握，有了香氛精油以后，背书就会变得更有趣了！

# 新观念 4

One-Minute Tips for Effective Memorizing

## 安静的环境好用功……×
## 杂音环境帮助记忆……√

“我要学习了，赶紧找个安静的地方用功”。虽然有人学习的时候讲究环境要清静，可是太过安静的环境却反而会让人无法专注，倒是有点杂音的背景最能够令人集中注意力。

**因为少许的杂音可以刺激大脑设法排除干扰，使大脑提高专注力。**

美国普林斯顿大学心理学家瓦晨教授的研究也证明，当一个人置身于完全安静的环境中时，会无法集中专注力。所以，想背书时，到有点声音的环境反而有助于提升记忆。

## 不要一边听音乐一边背书

很多人喜欢一边听音乐一边背书，这是很大的禁忌。特别是听自己喜欢的歌手唱歌，你的注意力会不自觉地被吸引过去。听外国歌曲要比本国歌曲要好一点，因为唱的是你不熟悉的语言，至少不会受太大的干扰。但是无论如何，一边听音乐一边背书本来就不是很理想的学习方法。

我想，很少会有人一边看电视一边背书吧！同样的道理，听广告也不行。因为这样一来，你会不由自主去听别人在说什么，如此就不能把注意力集中在学习上了。

## 适合背书的环境

完全安静无声的环境

播放广播节目的环境

周围有点杂音的环境

轻微的杂音可以刺激大脑设法排除干扰，迫使大脑提高专注力。

有人会用潺潺流水声之类的音乐光碟，来帮助集中注意力，但我并不提倡。主要是因为这么做，有可能让大脑养成记忆的时候如果没有潺潺流水声就记不住的惯性。只要在家中或者附近公园等稍微有点噪音的环境，就可以让人很自然地进入注意力集中的状态，这就是很好的背书环境。

还有一种环境很适合背书，你想到了吗？没错，公共交通工具就符合这样的环境条件。但是，在这样的公共场所念念有词难免要遭受异样的眼光，而且车厢内也不适合来来回回地走，所以经常背书背到忘我的人要注意一下。

在学生时代，我就是个在车厢里不顾他人的眼光，自言自语背诵英语单词的家伙。那时候，我打定主意：反正他们都是和我的人生毫无关系的人，就算他们当我是怪物，我也不在乎。对我来说，最重要的就是考上好学校，其他都无所谓。此时我和外界完全割裂。专注于功课上。所以我建议想要在车厢里用功的人，只要用别人听不到的声音，轻声细语地念给自己听就可以了。

# 公共交通工具背书法

乘坐各站停车，单程90分钟的车往返，在车厢里背书

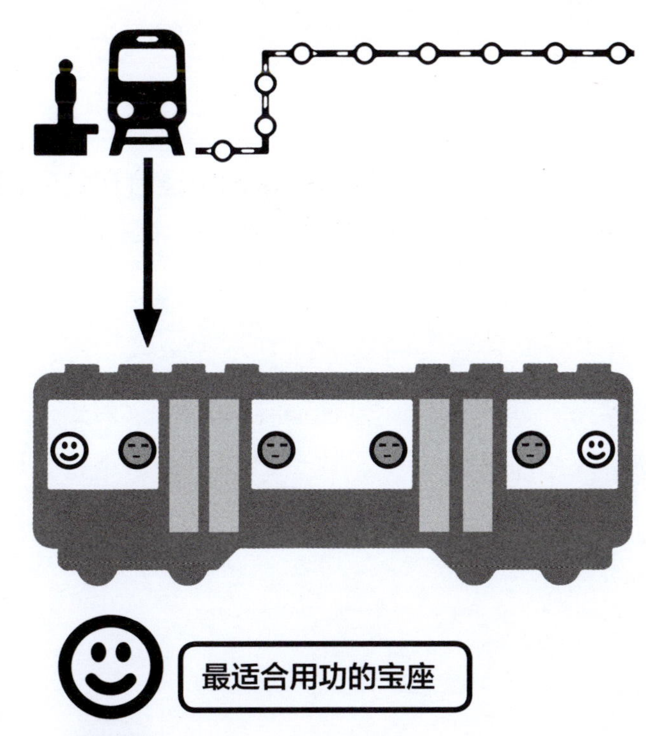

最适合用功的宝座

不太适合用功的座位

## 适合在公共交通工具里学习的科目

在当今电子科技发达的时代，把学习英语单词或英语听力的光盘教材输入智能型手机，可以有效利用乘坐公共交通工具等的零碎时间来强化学习。请容我野人献曝，我的《一分钟英语单词》和《一分钟英语成语》都准备了智能型手机版，并附赠零碎时间的学习软件，哪怕只有一分钟、三分钟，都可以用来强化记忆。

**本国史、世界史等科目的背诵也适合在公交通工具里进行。但是也有不适合的科目，比如数学、物理等。**

因为这些科目太容易专注其中而浑然忘我，很可能坐过站，如果列车三分钟后就要到站，为了下车，解题解到一半便要中断，让自己处于不得不罢手的状态。所以需要计算的科目，还是坐在书桌前演算效率比较高。

## 卓有成效的公共交通工具背书法

在此传授我高中时候发明的公共交通工具背书

法。具体做法如下：故意找在各站停车、单程90分钟的车次，坐车往返。我会选择坐在远离车门的位置，因为每次到站时进出车厢的人很容易干扰记忆，分散注意力。

车厢两端最靠近连结处的座位可以说是最适合用功的宝座。当然在公共交通工具上用功很好，可是千万不能占用爱心座位喔！

# 新观念 5

One-Minute Tips for Effective Memorizing

**每个人的专注力存在差异……×**

**人的专注力以 90 分钟为限……√**

我们有时会说，“那个人好厉害，看他总是全神贯注，一点也不疲累，不像我，经常注意力涣散，做什么都不成功”。你也是这么认为的吗？

其实，人生而平等。

**脑科学家告诉我们，不论天才或凡人，人类的专**

**注力最多只能维持90分钟！**

所以，无论是天才还是普通的平凡人，都应该善于利用专注力所能集中的90分钟来安排时间。

大学和复读班都是以90分钟为一堂课。小学课堂时间则定在90分钟的一半——45分钟。初中和高中的课堂时间也是45～50分钟。

**我把自己的公共交通工具背书时间设定为90分钟一节，也是因为将读书时间分割成每90分钟一个段，可以达到最佳效果。**

小学生或是对自己的定力没有信心的人，可以从45分钟为一个段开始养成习惯，然后逐渐延长时间，直到进入最佳的利用模式，也就是以90分钟为一个段。

## 专注力每15分钟一个波段

专注力以15分钟为一个波段。每隔15分钟会开始感到有点厌倦。也就是说，小学生在一堂课当中会不

自觉地经历两个专注力的波段。

大学和复读班以90分钟为一堂课，因此学生会在一堂课当中不知不觉度过四个专注力波段。

当有人叮嘱我们说，“千万不要小看零碎时间！要懂得如何利用零碎时间来读书。”其实是在说：

**有效利用15分钟的短暂时间，把握每一波专注力的高峰期，赶紧用功。**

经过上面的讲解，相信各位现在已经掌握如何有效利用零碎时间的诀窍了。

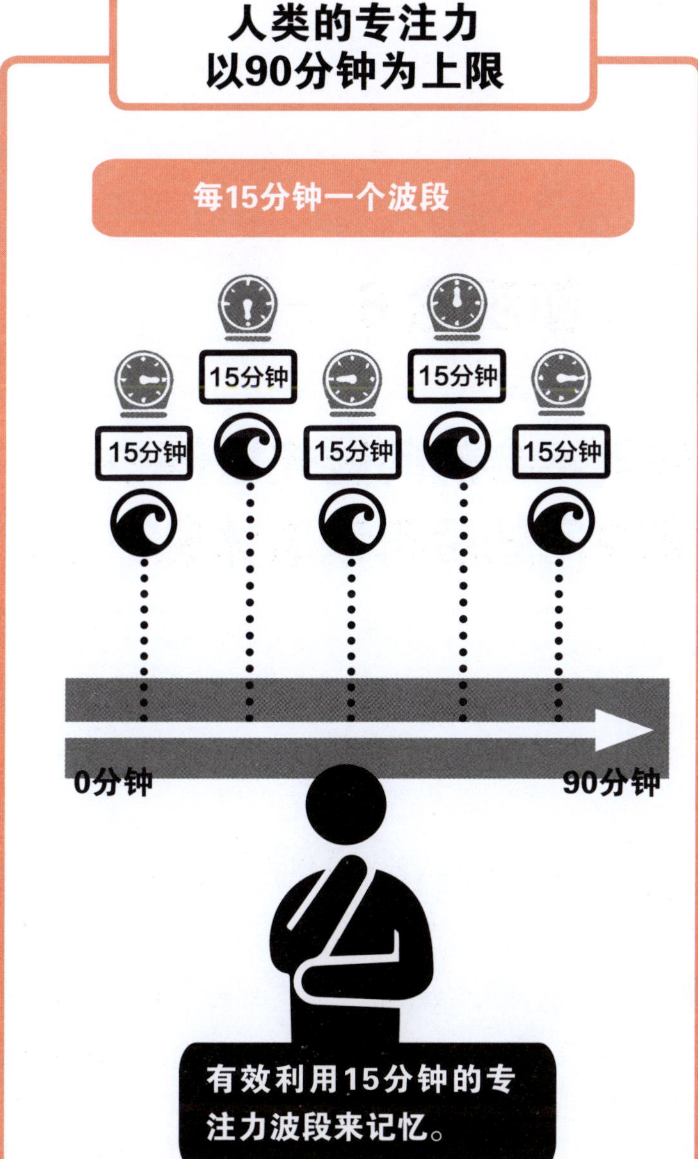
人类的专注力
以90分钟为上限
每15分钟一个波段
15分钟
15分钟
15分钟
15分钟
15分钟
0分钟
90分钟
有效利用15分钟的专注力波段来记忆。

# 新观念 6

One-Minute Tips for Effective Memorizing

**遇到不会的问题先暂停……×**

**解决问题后再稍事休息……√**

很多书读不好的人都有这样的习惯。

“这个问题太难了，根本看不懂。”“不管了，先看漫画再说！”“这个问题怎么都解不开，还是先看会儿电视改变一下心情吧！”平时，你也是这样来解决问题的吗？

只要一碰到障碍就把问题放在一边，转身去看电视，逃避现实。这种做法是不可取的，下次别再这么做了，哪怕是先过渡到一个简单的问题也好，但至少先解决完毕再去放松吧！相信吗？仅仅通过这样一个小小的修正，你就可跻身天才之列。

## 解决问题后立刻去放松一下

“什么？你在说什么？”很多人可能听不懂我的逻辑。简而言之，大脑是重感情的。

遇到解决不了的问题立刻转移重心去看电视找快乐，会让大脑产生“读不懂是快乐”的认知。相反地，解决难题以后立刻去看漫画放松一下，会让大脑产生“读懂了是快乐”的认知。

**放弃用功立刻找快乐，会让大脑认为自己不开窍的状态就是快乐的。相反地，就算是解决简单的问题也好，解决完问题之后再去放松玩乐，会让大脑认为自己解决问题的状态是快乐的。**

因为解不开某个问题而放弃，干脆去看电视的孩

## 大脑是重感情的

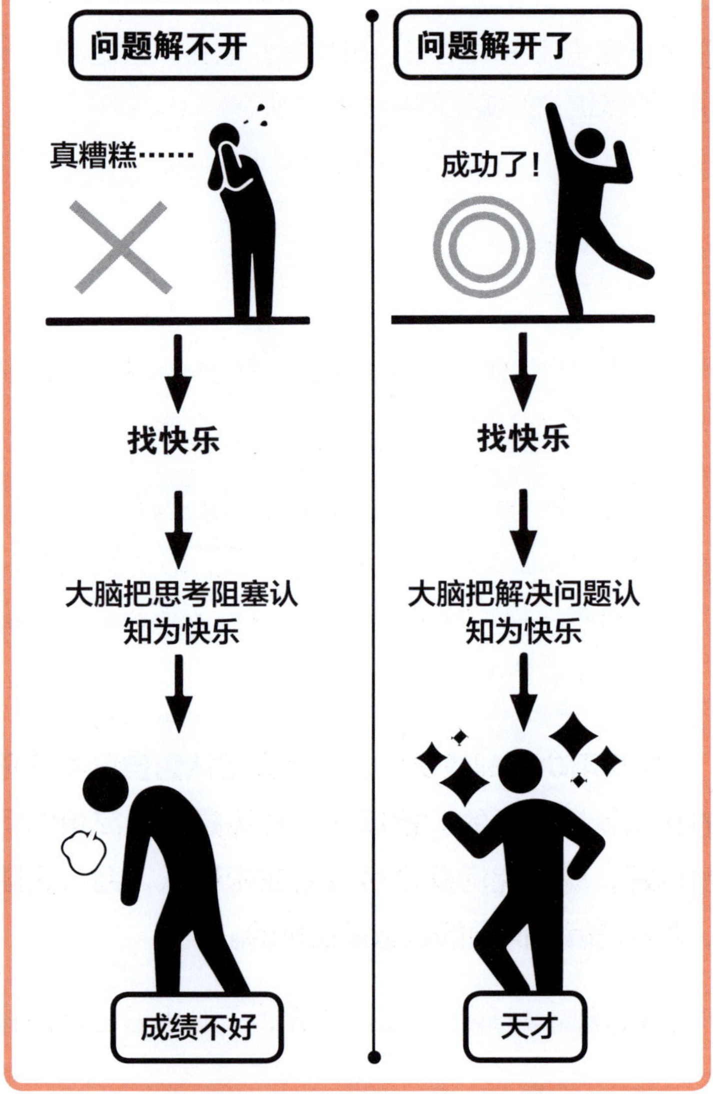

| 问题解不开 | 问题解开了 |
| --- | --- |
| 真糟糕…… | 成功了! |
| ↓ | ↓ |
| 找快乐 | 找快乐 |
| ↓ | ↓ |
| 大脑把思考阻塞认知为快乐 | 大脑把解决问题认知为快乐 |
| ↓ | ↓ |
| 成绩不好 | 天才 |

子，和解开了问题之后再去看电视的孩子，几年以后的成绩会有天壤之别。请各位也回想一下自己小学的时候，是不是每次遇到难题的时候就索性去玩电玩、看电视或漫画？如果是这样，你的大脑已经误把读不懂书的自己和快乐画上等号。

现在，你不需要做任何努力就可以改变现状。只要保证不要再碰到难题就束手就擒，转身逃避去找乐子。先解决点问题，什么问题都好，问题解决了再去玩，只是这样一点点的改变就能让你成为读书高手。

对自己的工作感到无能为力的人，经常会说："真是受够了工作！我快累坏了，去喝一杯吧！"然后就任凭自己猛灌啤酒。相反地，能干的人会这样说："今天又完成了好多工作，来喝一杯犒赏一下自己吧！"

前者的大脑认知是"逃避工作喝啤酒是快乐的"，而后者的大脑认知则是"完成工作喝啤酒是快乐的"。几年后，谁会在职场上脱颖而出呢？答案应该很明确了。多年来，你的成绩一直不尽如人意，该不会就是因为你一直在给大脑错误的认知，总是在碰壁

## 在工作上成功和失败的人有何区别

**失败的人**

我真是受够了！

喝啤酒

大脑产生认知

**逃避工作=快乐**

**成功的人**

做得好，我又完成了！

喝啤酒

大脑产生认知

**完成工作=快乐**

的时候放松一下吧！

请赶紧改掉这个不好的习惯，养成克服难关之后再去放松一下的习惯，大脑就会认定你是个天才！如果养成解开问题以后才休息，或是解开简单的问题以后立刻放松一下的习惯，说不定几年以后，你就真的成为天才了呢！

# 新观念 7

One-Minute Tips for Effective Memorizing

## 背书要过目不忘一次 OK……×
## 背书要复习三次才能记住……√

“读书如果可以过目不忘，一次OK就好了”，“看我一次就能记住这些英语单词！”很多人都幻想一次就记住所有的东西。你该不会也是其中的一个吧？可是，即使是天才，不复习也会忘记。

**大脑并不会把真正对的事情当作“对的事”，而**

**是把一再重复的事情当作“对的事”。**

换句话说，就算是错的事，只要一再重复，大脑就会把它当作“对的事”而深信不疑。

## 一记直拳猛攻也比不上连发刺拳

电视广告在宣传某健康食品的功效时，标榜说：“服用以后，可舒筋活血”。初次看到，大家的反应大都可能是不耐烦，心想：“真吵，又是骗人的！”可是当同样的广告一再重播，你或许就会动摇了：“做广告做这么多，如果是骗人的，恐怕它也不敢这么明目张胆，所以应该是真的有效吧。”

借用这个原理所衍生的记忆法就叫作“刺拳[注2]KO法”。很多人都想要帅气出击，用一记直拳[注3]当场击倒对手。我现在要告诉你，放弃这个不切实际的想法，选择用刺拳连续出击，更能有效击垮对手。

**“不是打倒对方，而是不断打到对方，你就会”。（世界拳王默罕默德·阿里）**

注 2：刺拳，拳击术语，是针对对手的脸部等部位，做快速而小幅的出拳的一种击打方法。

注 3：直拳，拳击术语，是指从出拳到攻击目标，沿直线运动的一种击打方法。

## 直拳猛攻
## 不如连发刺拳

**一记直拳**

快倒下！

×

记不住

**连发刺拳**

我打！
我打！
我打打打！

◎

记住了

**不断复习，记忆就会牢固不忘。**

强化记忆的原则也是同样的道理。因为人类的大脑会把不断重复的事情当作“对的事情”，所以只要不断复习，记忆就会牢固不忘。

## 相信自己是天才就会成为真正的天才

你该不会认为自己“头脑很差，而且不长记性”吧！如果你这么认为，恐怕是因为你一直不断地这样告诉自己。不要再做这种傻事了。如果你从小就不断告诉自己“我是天才”，你应该已经是天才了。

**对于大脑来说，一再重复的事就是天经地义的事。大脑对没有重复的事会判断为没必要的事，就从记忆中删除。**

大脑的记忆原理就是这么简单。想要看过的内容过目不忘，一次记住，那是不可能的。从现在改变你对记忆的观念，那就是：至少重复三次以上，记忆才能牢固。连发刺拳可以达到有效的记忆。

# 第三章

## 灵活运用记忆法

## 短期记忆法、长期记忆法、单纯记忆法、影像记忆法

01

One-Minute Tips for Effective Memorizing

# 区分记忆类型，让背诵成为拿手强项

可能有人会说："虽然你说了这么多，我还是无法克服自己对记性的挫败感……我真的可以突然开窍，变身记忆高手吗？"会有这样的疑虑，我完全能够理解。

为什么有这么多人都在为健忘而苦恼呢？原来，一般人缺乏对记忆类型的认识。

## 了解记忆的四种类型，背书不再头疼

你能说出记忆的四种类型吗？不知道吧？就是因为无法毫不迟疑地说出来，才更加让人懊恼，证明自己的记忆力实在不好。现在，你只要认清记忆的真相，就不会再担心脑袋不管用了。

对于不了解的事，不管是谁都会望而却步。但是只要我们弄清楚了事情的来龙去脉，自然会跃跃欲试，心想“说不定我也可以办得到！”

## 分类等同理解

没错，就是这样，将记忆的四种类型逐一攻克，你就是记忆高手。下面，让我们一起来认识一下记忆的四种类型。

## 短期记忆限时20秒

如果用时间来划分，记忆可以分为两种。那就是短期记忆与长期记忆。什么是短期记忆呢？20秒以内的记忆就属于短期记忆。拿数字举例来说，大约就是人脑一次可以记住的五位数至九位数。不过，如果缺乏反复复习，虽然暂时记住了，大概不出20秒左右就会忘记。相对于只有20秒寿命的短期记忆，长期记忆就是超过20秒的记忆。

大家一定都记得自己的名字吧！听到有人提到猫、狗、鸡这些动物，你也知道他们长什么模样吧！那是因为这些都已经烙印在你的脑海中，在你大脑的长期记忆中。一辈子忘不了的记忆当然是长期记忆，而只要是超过20秒钟的记忆，哪怕只是记住30秒，也都属于长期记忆。

英语把短期记忆称为“STM（Short Term Memory）”，长期记忆称为“LTM（Long Term Memory）”。大家记住：

**短期记忆（STM）=20秒以内的记忆**

**长期记忆（LTM）=20秒以上的记忆**

这同时也说明了记忆分为两个步骤，分别是：

**步骤1把本来完全陌生的事物植入短期记忆中。**

## 记忆两大步骤

**步骤1** 把本来完全陌生的事物植入短期记忆中

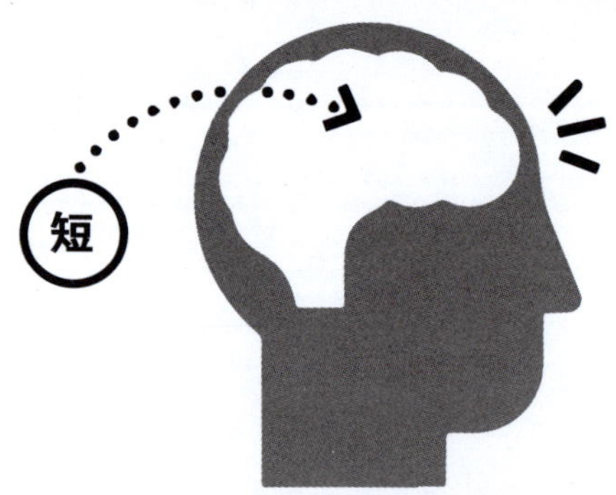


**步骤2** 把短期记忆植入长期记忆中

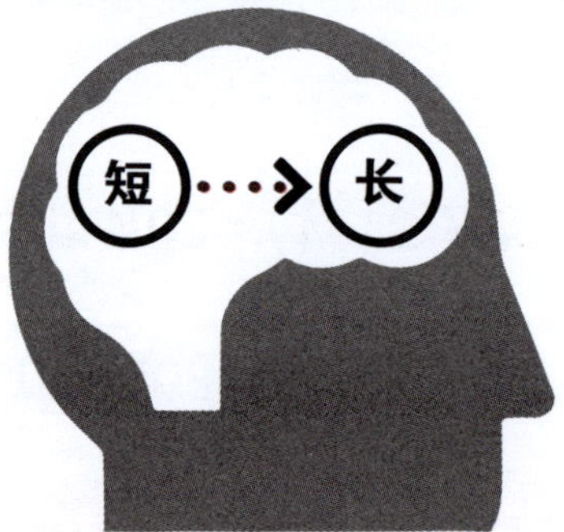


**区分步骤1和步骤2的不同，明确自己正在执行哪一个步骤，再进行记忆。**

**步骤2把短期记忆植入长期记忆中。**

你只要能够清楚了解自己正在执行步骤1还是正在执行步骤2，就已经是在掌握记忆运作机制的状态下进行记忆了。

明确了自己正处于短期记忆或是长期记忆的状态，是成为记忆天才的第一步。

One-Minute Tips for Effective Memorizing

# 长期记忆分为单纯记忆与影像记忆

长期记忆又可以分为两种：单纯记忆与影像记忆。

## 单纯记忆就是有什么记什么

单纯记忆又叫做单纯反复记忆。它的记忆特性是有什么就记什么，所以也称为意义记忆。

让我这样来解释，应该就容易理解了。把你所理解的记起来就是单纯记忆。猫、狗、鸡等动物都是生活中一再反复提到的字眼，所以我们就记住了。

可是不经常使用的汉字，总是转眼就忘。那是因为它们尽管曾经进入长期记忆。却还是沿着记忆遗忘曲线，慢慢被我们遗忘了，事情就是这样简单。

## 伴随影像记忆有助于长期记忆

影像记忆又叫做插曲（episode）记忆。什么是插曲记忆？简单说，就是随着某一段插曲而一同记住的记忆。

全家人一同观赏烟火、和喜欢的人一起去游乐园……这些记忆不必复习就可以念念不忘，难道不是吗？因为是和生命中的某一段插曲一同记住的，所以又叫插曲记忆。影像记忆就如其名，它会伴随着影像植入脑海中。即使没有直接亲身体验，只要有影像浮现在脑海就可以了。

例如，为了记住成语“喧宾夺主”的意思，可以用乞丐赶庙公的故事来帮助记忆。故事大意是说庙公原

本是庙的主人，竟然会被外来的乞丐赶走，而把整个成语连同字义都串联成一幅画面。

**令人印象深刻而随着影像画面一同浮现的记忆，就容易深植脑海成为长期记忆。**

我个人比较喜欢用影像记忆这个词，而不说插曲记忆。因为当我们说插曲记忆时，就让那些爱找借口的人有话说了，他们会说："那是我不曾经历过的事，因为没有插曲，当然记不住了。"一般都说影像记忆=插曲记忆，但是我的分类稍有不同。

影像记忆分为两种：

①有插曲

②没有插曲

有生活插曲当然再好不过，没有的话，自己创造一个影像也可以！至于单纯记忆，一般都说单纯记忆=意义记忆，但是我要稍微加以区别。

单纯记忆分为两种：

①有意义的事

②没意义的事

所以我不用意义记忆这个词，而只说单纯记忆。

## 眼前浮现影像，记忆深刻难忘

One-Minute Tips for Effective Memorizing

# 单纯记忆与影像记忆的目标各不相同

单纯记忆与影像记忆到底哪个效果更好呢？或许有人认为：有过深刻的亲身经历，记忆当然历久弥新，想忘也忘不了！但是，单纯记忆与影像记忆之间并没有优劣之分。

**单纯记忆与影像记忆各自有其擅长的领域，根据记忆对象的不同，分类使用很重要。**

## 语言、本国史、世界史适用于单纯记忆

单纯记忆擅长的领域在语言（例如，英语单词、英语短语、英语语法），或是本国史、世界史这类需要记忆的科目。

单纯记忆尤其适合一对一的记忆。

以英语为例，一个单词对应一个意义，这样就容易记住。“中华民国是谁建立的？”“孙中山。”像这样，可以反复通过一问一答记忆的内容，就适合单纯记忆。

成功运用单纯记忆法的关键在于，如何把效率控制在一秒钟记住一个单词上？如果是采取一问一答，应该怎样在一秒钟内完成问答呢？

## 通过反复复习，记忆鲜明深刻

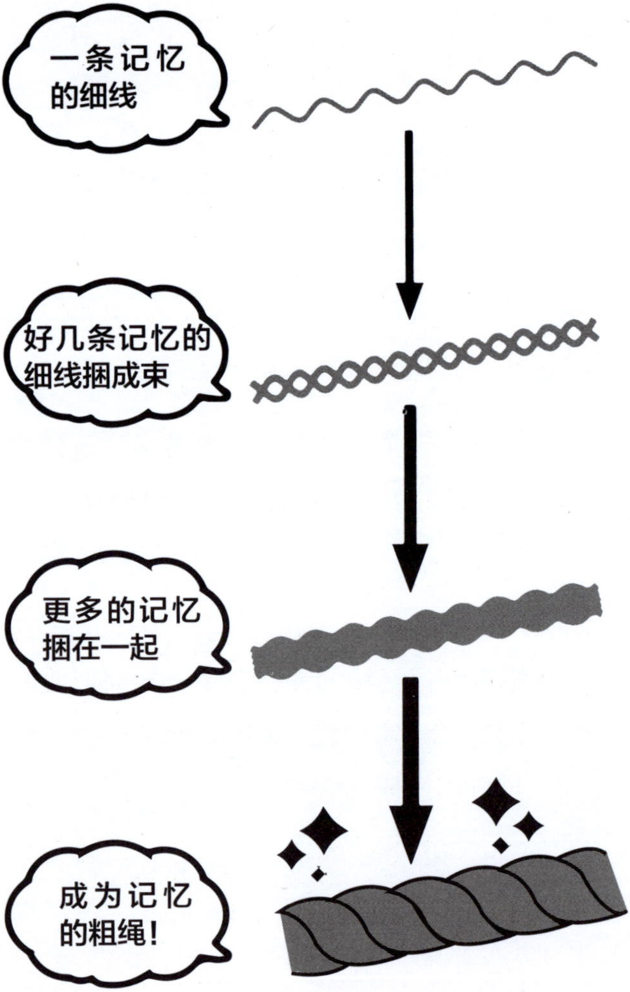

## 越是反复不断地复习，记忆就会越强烈鲜明

就像第92页的插图一样，把一条又一条记忆的细线捆在一起，渐渐就会变成粗绳。通过反复的复习，单纯记忆会成为牢固不忘的记忆。而如果不复习，本就脆弱的细线很快就会消失于无形。

在记忆的细线消失慢慢之前，将它们大量捆扎成束，这是把单纯记忆植入长期记忆的方法。

One-Minute Tips for Effective Memorizing

# 千万别用谐音背英语单词！

谐音有时候很好用，但是有时候不该用。什么时候呢？那就是背英语单词的时候。

以mouse（老鼠）为例，假如用中文发音“猫死”来记住老鼠这个英语单词，会带来什么样的后果呢？当你读到英语mouse的时候脑海里首先浮现猫咪死掉的影像，然后才能联想到老鼠，这将使你的阅读速度大打折扣。

## 背英语单词、英语短语、英语语法别用谐音

在学生时代，我曾经用谐音来背deny（否定）这个单词。我是这样记忆的：考题没出现[注4]就是否定。没想到令人头疼的事情发生了。

这个单词竟然在考题中反复出现！我在考场答卷时心里忍不住犯嘀咕，结果宝贵的答题时间被白白浪费掉了。当时的懊恼到现在还记忆犹新，而偏偏我始终无法抹去deny的影像记忆，而这件事至今也还清晰地刻在我的脑海中，并且深深地印在我的长期记忆中。

可能有人用谐音的方法来背所有的英语单词，但我是不太赞成的。因为这样会影响阅读速度，所以在背英语单词、英语短语和英语语法时，请尽量避免用谐音。

---

注4：日文“考题没出现”，发音denai，与deny谐音

One-Minute Tips for Effective Memorizing

# 利用简单图像，强化影像记忆

影像记忆的特点是印象越强烈，记忆越深刻。例如，我们记战国七雄“齐、楚、燕、韩、赵、魏、秦”的时候，试想一下，如何来记忆呢？用谐音记的话就是“骑猪严寒找围巾”，请各位想象画面：骑着猪，特别冷，需要找围巾。这样是不是一辈子都忘不了呢？

## 运用影像记忆时，自己扮演主角印象更深刻

运用影像记忆的关键是要把自己当主角。骑着猪的不是别人，而是你自己。

现在有什么感觉？是不是很刺激、很有视觉效果呢？

取谐音记忆的时候，自己扮演主角化身其中，背起来就顺理成章了。如果可以事先准备好自己的大头贴，贴在自己想贴的地方，那就更方便了。先把自己化身为故事里的主角，最好再用笔简单勾勒出画面。

**如果还要加深印象，就必须把情景融入其中。**

比如说，现在要把大象→乌龟→鹤按照顺序背下来。应该怎么办呢？大家应该经常会在电视等媒体上，看到记忆天才背出一长串毫无意义关联的图片顺序。这时，就要自编情节来把顺序串联起来。

大象被乌龟吞到肚子里去了。（哇，那乌龟得是多么大啊！）乌龟被鹤啄了眼睛。（哎呀，好痛！）

把毫无意义的图片顺序用故事加以串联，于是就能很快将大象→乌龟→鹤的顺序背下来。因为故事情节产生的主观感受能加强记忆，比起不断单纯重复背诵大象→乌龟→鹤的方法，影像记忆可以加强印象并深化记忆。

One-Minute Tips for Effective Memorizing

# 利用唱歌的方式记忆

那么，当你需要记忆的内容即不适用单纯记忆，也不适用影像记忆，那怎么办呢？没错，常规之中必有例外。有时确实会遇到这样的难题。既不适合用一对一的单纯记忆，也不适用一对多的影像记忆，想要用谐音来加深记忆又编不出来，这时采用的记忆方式就是唱歌。

用唱歌的方式记忆还可分为两种：

①编成歌诀

②编成饶舌歌

## 记忆内容太长无法谐音时，可用歌诀来记忆

比如说，中国历史朝代为数众多，很难记忆，不妨借用通俗的歌曲来帮助记忆。

这里可以用你熟悉出歌曲的旋律来记忆。

夏商与西周，

东周分两段，

春秋和战国，

一统秦两汉，

三分魏楚吴，

二晋前后沿，

南北朝并立，

隋唐五代传，

宋元明清后，

皇朝至此完。

因为朝代太多，不容易用谐音串联，那么给它们配上歌曲的旋律来歌唱，就不会忘记了。

One-Minute Tips for Effective Memorizing

# 变身背书高手绝非难事

以时间来划分，记忆可以分为两种类型：

①短期记忆……20秒以内的记忆

②长期记忆……20秒以上的记忆

记忆又分为两个阶段，分别是：

①将本来完全不知道的事物植入短期记忆中

②将短期记忆植入长期记忆中

经过以上两个步骤，大脑就能完成记忆过程。

## 一对一，单纯记忆；一对多，影像记忆。

将短期记忆植入长期记忆的过程中，会发生两种记忆，分别是：

①单纯记忆

②影像记忆

单纯记忆是经过不断重复背诵的记忆，基本上适用于一对一的记忆，比如背英语单词等语言类的学习内容。影像记忆是运用画面强化记忆，适用于一对多的记忆。比如背诵古语单词、历史事件与发生时间的连接等。了解了以上记忆的基本概念，读书就不会总是不在状态，学习起来也更有针对性。

如果还想进一步提高记忆的效率，那就要继续向第四章的四色记忆法进发了。为了提高记忆效率，我

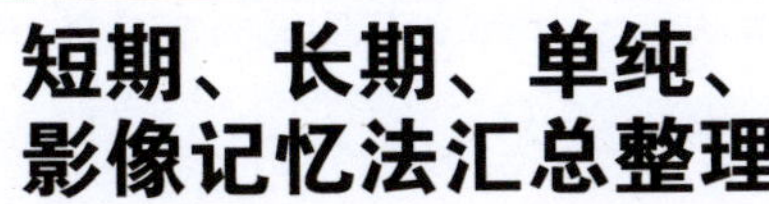

# 短期、长期、单纯、影像记忆法汇总整理

## 以时间来划分

短期记忆　长期记忆

## 记忆两个阶段

1 将本来完全陌生的事物植入短期记忆中

↓

2 将短期记忆植入长期记忆中

| 1 单纯记忆 | 2 影像记忆 |
| --- | --- |
| 适用于一对一的记忆 | 适用于一对多的记忆 |

们必须要博采众长，尽最大可能将记忆的效率发挥到极致。没有人生来就是记忆天才，记忆高手其实是利用后天摸索得来的记忆诀窍，才成为众人啧啧称奇的天才。

要想成为记忆天才不仅仅左脑要好用，还必须开发右脑功能，以便让你的记忆力登上至高境界。

# 第四章

## 四色记忆法
## 用色彩激发右脑记忆潜能

01

One-Minute Tips for Effective Memorizing

# 记忆的决窍在于善用色彩活化右脑

人类的大脑分为左脑与右脑。有效提高记忆力的窍门，在于有效地运用右脑。

右脑与左脑的分工有什么不同呢？

**左脑……负责语言、逻辑思维，容量小。**

**右脑……负责画面、影像，容量大。**

由于右脑负责影像画面，所以对色彩的反应更加敏感。也就是说，会利用色彩的人，就是善用右脑的人。

## 使用蓝色墨水，有助于提高记忆力

学习的时候，你习惯用什么颜色的墨水写字呢？结果大多数人都回答习惯用黑色墨水。

右脑对色彩更加敏感，而你偏偏用了最没有色彩的黑色墨水，所以读书效率才不高。就是没有用对方法，学习时才记不住的！

**从结论上来说，使用蓝色墨水是强化记忆的正确选择。蓝色是连接色。**

YAHOO！雅虎首页的连接画面就是蓝色。相反的，切断连接时就常常使用黑色。也就是说，现代人已经在不知不觉间形成互相连接的颜色=蓝色的认知。如果将这样的认知应用于学习，就是：

①必须要记忆的内容，用蓝色墨水书写。

## 右脑与左脑的不同

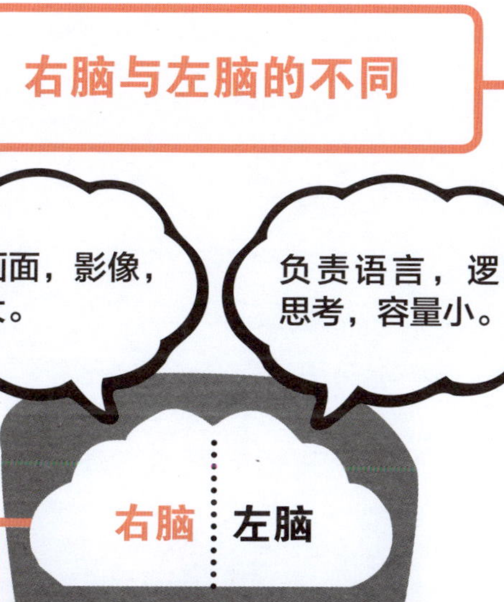


右脑对色彩敏感度高

记忆的决窍在于擅用色彩活化右脑

②无关紧要的内容，用黑色墨水书写。

养成这样的良好习惯，将有效增强记忆力。

比如，学习的时候养成基本上用蓝色墨水书写的习惯。那么，什么时候适合用黑色墨水笔呢？类似于“今天晚餐要微波加热以后再吃喔！”这样看过就可以忘掉的事，不妨使用黑色墨水来书写。

平常浏览网页时，大脑已经建立蓝色连接重点的认知，所以需要背诵的内容或是读书重点，使用蓝色墨水书写；而无关紧要的事则用黑色墨水即可，这就是善用右脑的学习法。

不仅如此，五彩缤纷的颜色还能增添读书的乐趣。比起单纯的黑色墨水，用蓝色墨水书写更叫人心情愉悦，这是千真万确的！

**养成使用蓝色墨水书写的习惯，是右脑记忆法的第一步。随身常备三支蓝色墨水笔，随时记得用蓝色墨水书写，记忆的效果就会大大提升。**

不费吹灰之力就能坐收成效，如果不尝试一下岂不是太亏了。从现在开始就养成用蓝色墨水书写的好习惯吧！

One-Minute Tips for Effective Memorizing

# 配合记忆四阶段，以色彩强化印象



了解了右脑对色彩产生反应之后，你可能会想，“那我就用24色和它拼了！”你是这么想的吗？可你知道吗？一次使用太多的颜色，反而更伤脑筋：总在心里想着接下来要用什么颜色好呢？结果耽误了时间。

使用色彩提高读书效率，仅以四色为限。这四种颜

色分别是红色、绿色、黄色和蓝色。

荧光笔要买这四种颜色，这四种颜色在便利店也很常见，配套工具准备齐全以后，就可以展开提高效率的学习计划了，记忆时，配合记忆四阶段，区分使用墨水颜色，又可以将记忆力提升到最大效率。

**分阶段使用颜色，效率更高。**

所谓记忆四阶段，分别是：

**①一看就明白。**

**②三秒后才反应过来，记忆不可靠。**

**③知其然但不知其所以然。**

**④闻所未闻，见所未见。**

配合记忆的四个阶段，学习时分别以四种颜色加以标记。

红色→一眼就看明白。

绿色→三秒后才反应过来，记忆不可靠。

黄色→知其然但不知其所以然。

## 记忆的金字塔

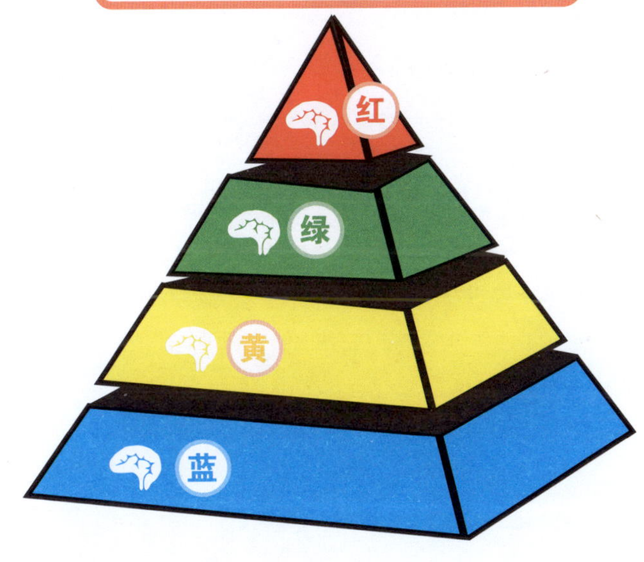

蓝 闻所未闻，见所未见

**分阶段使用颜色**

蓝色→闻所未闻，见所未见。

分阶段使用颜色可以将记忆发挥到最大化，达到最高的效率。

## 按照蓝→黄→绿→红的顺序记忆

记忆的顺序很重要，按顺序先从蓝色开始，再将它转换成黄色。也就是首先熟悉没见过，没听说过的内容，然后过渡到看过、有印象的阶段。

大家都听过孙中山、拿破仑吧！因为不陌生，所以关于他们的相关事迹就容易记住中。可是说到奥古斯都大帝屋大维、通古斯人种的夫馀族，你还能这么熟悉吗？对闻所未闻、见所未见的对象，他们发生了哪些事，你就是想记也记不住。所以必须先把蓝色的内容进阶变成黄色的内容。也就是从最初的完全陌生，到留下印象。比如，“奥古斯都屋大维大帝的名字好像经常听到，他究竟是谁呢？”“夫馀族属于通古斯人种这件事，似乎在哪听说呢！”

接下来，就是频繁制造接触的机会，以便再进一步记忆黄色的内容，使之变成绿色的内容。也就是说，把有印象但不知所以然的内容，变成三秒钟就可以反应过来的内容。比如，“是谁在阿克提姆海战当中打败安东尼和克里奥佩特拉的联合军队的呢？啊，我记得应该就是奥古斯都大帝屋大维。”“夫馀族属于哪一人种呢？让我想想看看，应该是通古斯人种。”

最后一步，就是把绿色的内容进阶到红色的内容。经过记忆的四个阶段，从一开始模糊的印象变成想都不用想的即时反应，这一转变过程全都得益于反复复习，将短期记忆转化为长期记忆。

学习不好，通常是因为学习的观念方法错误。这其中错误的原因，十之八九都错以为学习就是把不会的学会。你或许很纳闷，“什么？学习不就是把不会的学会吗？哪里错了呢？”

的确，把不会的学会是读书学习的目的。不过，这样只是停留在蓝色→黄色→黄色→绿色的阶段而已。学会了以后还需要一而再再而三地复习，直到想都不用想就靠直觉反应，才是百分百地记住了。

有一个很好的例子就是，能在益智节目的抢答中脱颖而出的最终优胜者，都是一听到问题就同步说出答案的人。至于那些听完题目以后还犹豫不决的人很快就被淘汰出局。这就是记到了想都不用想的程度的

# 关于记忆这件事

1 把完全陌生的内容，变成有印象的内容

2 把看过、有印象的内容，变成三秒钟反应过来的内容

3 把三秒钟反应过来的内容，变成一眼就明白的内容

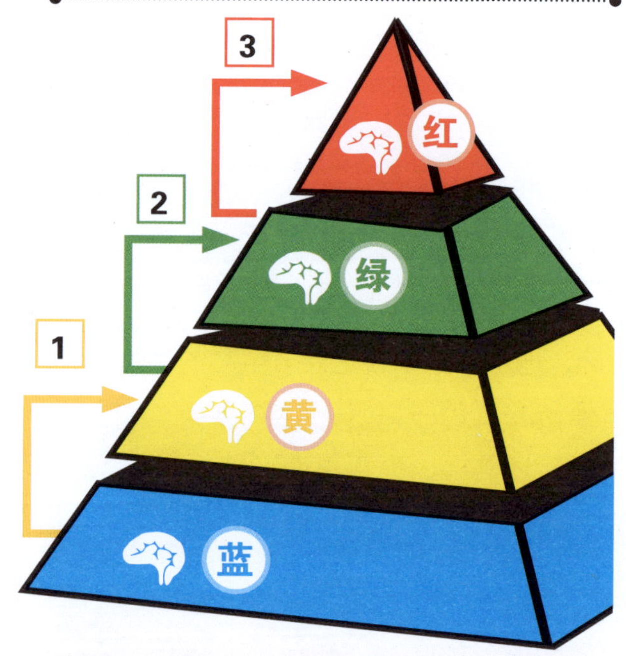


完成以上的1、2、3个阶段才是真正地完成了完整的记忆功课。

例子。

所谓记忆，必须经过以下三个步骤：

蓝色→黄色（把完全陌生的内容，变成有印象的内容）

黄色→绿色（把看过、有印象的内容，变成三秒钟反应过来的内容）

绿色→红色（把三秒钟反应过来的内容，变成一眼就明白的内容）

完成了以上三个步骤以后，才是真正记住了。

很多人以为学习就是把不会的内容学会，但此时记忆的动作只完成了三分之二，因此功败垂成。功亏一篑的关键在于少了绿色转化为红色的步骤。也就是说，除非你能做到反复背诵直到可以毫不迟疑地及时反应出来为止，否则就不算是真正把内容深植于长期记忆中。

只要养成将记忆的四阶段分成四色分别标记的习惯，自然会进阶成为记忆高手。

One-Minute Tips for Effective Memorizing

# 四色魔幻记忆纸的神奇记忆效率

首先请买好红、绿、黄、蓝四种颜色的荧光笔以及四种颜色的便利贴。这是我们接下来进行内容的必备工具。请随时在家中准备好大、中、小不同尺寸的四种颜色便利贴。下面要向大家推荐的，就是四色魔幻记忆纸。

使用方法：取一张印好红、绿、黄、蓝四种色块的纸，然后用蓝色墨水笔把学习内容分类填进不同色块。各位可以在我的《一分钟学习法》的网站（http://www.1study.jp）免费下载四色魔幻记忆纸。

## 不熟悉的内容也能快速晋级红色块

如果你问我四色魔幻记忆纸有什么用处，我会告诉你，它的作用可以发挥到无限大。

例如，用蓝色墨水笔将一看就会的内容写在红色块上，印象不是很清晰的内容写在绿色块上。

我们再以记英语单词为例。先将单词分类写在便利贴上面：

①将完全不会的单词贴在蓝色块上。

②将有印象但是不知道意思的单词贴在黄色块上。

③将三秒钟后反应过来的单词贴在绿色块上。

④将一眼就看明白的单词贴在红色块上。

通过这种方法记，你就可以用最快的速度学习英语单词了。不仅如此，因为便利贴有四种颜色，还可以根据单词的不同词性区分使用：

## 四色魔幻记忆纸

在一张纸上印好红、黄、绿、蓝四种颜色的区块。

读者可以从http：//www.1study.jp
下载四色魔幻记忆纸。

红色……名词

绿色……动词、短语

黄色……形容词、其他

蓝色……副词、连接词、语法

背本国史和世界史时，同样可以这样分别使用：

红色……人名

绿色……事件

黄色……其他

蓝色……年号

像上面这样，将四色魔幻记忆纸随时贴上各种学习便利贴的话，很快，所有的便利贴就会升级到红色块了！直接把记忆内容写在四色魔幻记忆纸上有效果，而利用好便利贴也同样有效，可以说是万能的记忆法宝。

# 四色魔幻记忆纸与四色便利贴的使用方法

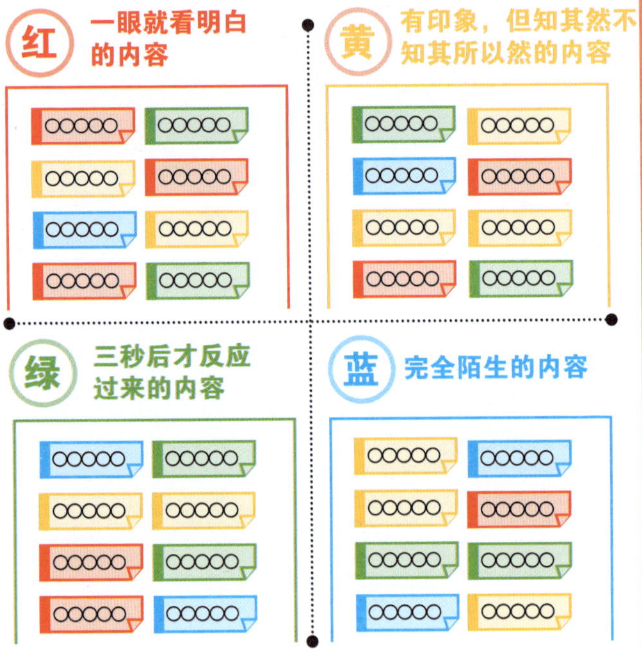

**红** 一眼就看明白的内容

**黄** 有印象，但知其然不知其所以然的内容

**绿** 三秒后才反应过来的内容

**蓝** 完全陌生的内容

背英语单词……

名词　动词、短语　形容词、其他　副词、连接词、语法

背本国史和世界史……

人名　事件　其他　年号

One-Minute Tips for Effective Memorizing

# 使用四色文件夹，学习效果迅速提升

接下来，我要向大家介绍另外一种记忆的制胜法宝，那就是通过把四色魔幻记忆纸或是活页纸放进四色文件夹的方法记忆。

蓝色文件夹……完全陌生的内容

黄色文件夹……有印象，但知其然不知其所以然的

内容

绿色文件夹……三秒后才反应过来的内容

红色文件夹……一眼就看明白的内容

当红色文件夹的纸张变得越来越多，表示你能够牢记的内容也越来越多了。平时经常把绿色文件夹带在身边，方便你一而再、再而三地复习三秒后才反应过来的内容。

以一秒看一页的速度目视，一分钟就可以复习60页。

## 文件夹都装满了就准备档案盒

蓝色档案盒……完全陌生的内容

黄色档案盒……有印象，但知其然不知其所以然的内容

绿色档案盒……三秒后才反应过来的内容

红色档案盒……一眼就明白的内容

通过以上这样的整理方法，用功的成果是不是就一

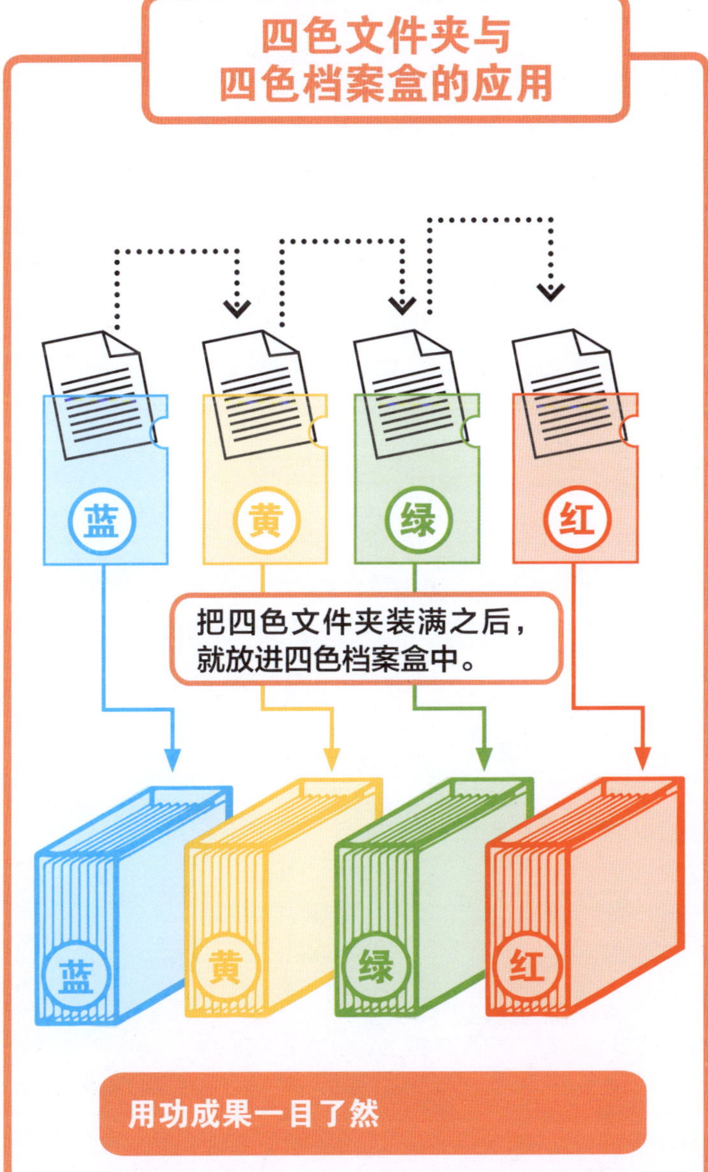
四色文件夹与
四色档案盒的应用
蓝
黄
绿
红
把四色文件夹装满之后，
就放进四色档案盒中。
蓝
黄
绿
红
用功成果一目了然

目了然了呢？文件夹在商店就可以买到，档案盒也是大众化的文具用品，那就请为提高学习效率做一点小小的投资吧！

当眼前完全只剩下以下四种颜色：

红色

绿色

黄色

蓝色

你的大脑就会像巴甫洛夫实验当中的狗那样出现条件反射，自然就会反应出：我要把蓝色变成黄色！我要把绿色变成红色！

这样，你就真的变身记忆高手了！

# 第五章

## 三明治记忆法 掌握一天中的最佳记忆时段

One-Minute Tips for Effective Memorizing

# 善用睡眠时间，深刻巩固记忆



大家可能会说，“我现在知道四色记忆法的威力了。那么，有什么好办法能够让我一旦记住了就再也忘不了呢？”你的需要我都了解，下面我就开始传授你巩固记忆内容的技巧。

**将短期记忆植入长期记忆的过程中必不可少的，**

**就是睡眠。**

## 苦读一整晚的记忆无法保鲜

当人在睡眠中时，潜意识处于无防备的状态。这时，脑子里的事情会在无意识中重新过一遍，然后植入长期记忆中。

“难道这就是睡眠学习法的一种？”恐怕是你想太多了，事实上并非如此。它完全有别于睡眠中戴着耳机听教学录音带这种事。

你只要像平时一样躺着睡觉就可以了。当你睡着时，短期记忆自然就会植入长期记忆中。脑神经之间有所谓的突触（synapse）相连接。睡着的时候，突触容易互相连接，进行记忆整理。

你有过点灯熬夜苦读一整晚，第二天忘得一干二净的惨痛经历吗？之所以忘得那么快，是因为一整晚都在熬夜没有睡觉。

## 最符合记忆需求的睡眠时间是7.5小时

那么，每天睡几个小时最好呢？在我还是学生的时候，曾经做过这样的实验。无论是睡3个小时、3.5个小时、4个小时、4.5个小时、5个小时、5.5个小时、6个小时、6.5个小时、7个小时、7.5个小时、8个小时、8.5个小时、9个小时，我全部尝试过，就为了找出夜晚睡多久就可以在第二天精神饱满同时又不会忘记前一天背过的功课。

如果晚上睡太少的话，第二天不是昏昏欲睡，就是浑身无力。而如果睡眠超过8小时，起床后多半又头脑昏沉，反应迟钝。所以我的结论是：

睡眠时间7.5小时是最恰到好处的！（其次是7小时）

有研究统计数据显示，睡眠时间保持在7小时左右的人，死亡率低于其他睡眠时数的人；而且睡眠时间保持在7小时左右的人罹患糖尿病和高血压的风险也最低。

那么，你可能会进一步追问：如果想增强记忆力的话，晚上几点钟睡觉、早上几点钟起床最理想呢？

**最理想的睡眠时间是晚上10点睡觉，早5点30分起床！**

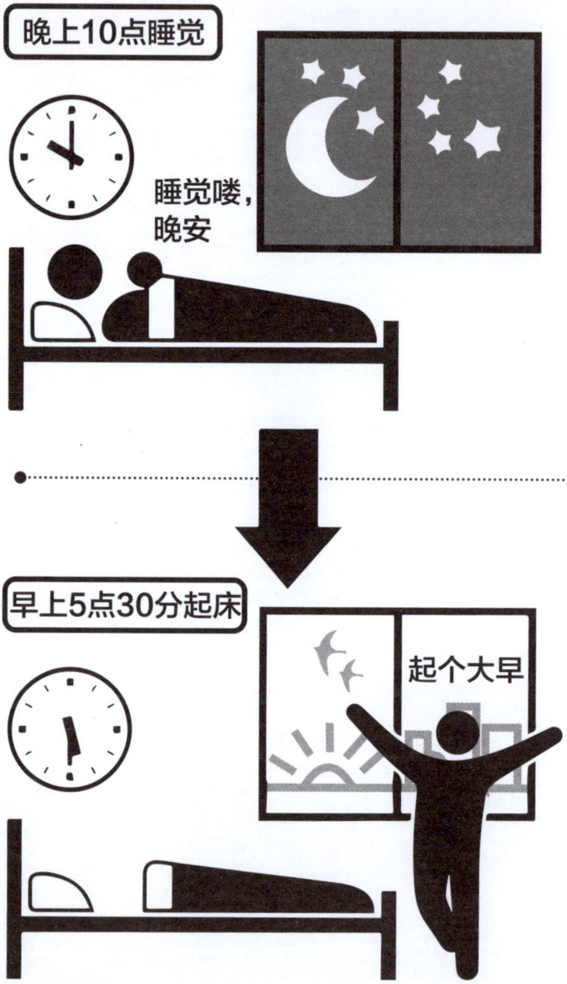

晚上10点睡觉

睡觉喽，晚安

早上5点30分起床

起个大早

我的答案是：晚上10点睡觉，第二天早晨5点30分起床。

为什么是这个时间呢？因为晚上10点到第二天凌晨2点，是分泌生长荷尔蒙最旺盛的时间，这4个小时是生长荷尔蒙分泌最活泼的黄金时段，如果不赶紧在这个时间段熟睡，就浪费了生长荷尔蒙分泌的天赐良机了。

由于生长荷尔蒙会在入眠后的30分钟开始活跃，所以晚上9点30分上床睡觉，第二天早上5点起床也是不错的安排。

但是，有的电视迷无论怎样都要看完九点钟的连续剧才肯入睡，还有人抱怨9点30分睡觉实在太早了，翻来覆去就是睡不着。所以我把睡觉时间定在10点，方便养成习惯。

One-Minute Tips for Effective Memorizing

# 香蕉与巧克力的神奇作用

血清素这种大脑神经传导物质，据说具有将短期记忆植入长期记忆的作用。血清素在我们每天早晨起床后开始分泌旺盛，因此这个时间段就是最佳的晨间复习时间。

**在这个时间吃一根香蕉，是清晨用功读书的绝妙**

**搭配。**

因为香蕉中含有色氨酸和维生素$B_6$，前者是制造血清素的前提物质，而后者具有协助合成血清素的功能。

## 早晨起床吃香蕉，白天吃巧克力

有一段时间日本流行早上吃香蕉减肥，事实上，养成早晨吃香蕉的习惯，有助于将短期记忆植入长期记忆。

而白天用脑时，吃点巧克力很不错，因为巧克力中的可可粉（theobromine）有提高记忆力与专注力的作用。市面上销售的巧克力都添加了糖，糖分可以帮助消除疲劳。我自己在准备考试的时候，就常常拿着巧克力边走边吃边背书。

总而言之，每天早晨起床吃一根香蕉，白天再吃点巧克力。这是提高记忆力的最佳饮食习惯。

One-Minute Tips for Effective Memorizing

# 如何将短期记忆转化为长期记忆

在睡眠过程中，短期记忆会自然而然地植入长期记忆，所以睡前很重要的一点就是把该背的功课放进大脑里。如果说睡前似乎有点太笼统，精确地讲，应该是：睡觉前90分钟。

**早上一起床，是血清素分泌最旺盛的时候，所**

**以在起床后的90分钟，复习前一晚背的内容，可以达到事半功倍的效果。**

## 睡前90分钟与起床后90分钟背书效果最佳

利用睡前90分钟与起床后90分钟的时间，期间夹着早晨的7点30分来背书，就是三明治记忆法，是最容易将短期记忆植入长期记忆的记忆方法。

睡前背的内容，会在我们睡眠潜意识里毫无防备的状态下，在大脑中来回索绕。早晨起床后，正值血清素分泌最旺盛的时间，适合再一次复习昨晚的学习内容。

**必须注意的一点是，不要在早晨背新的功课。把早晨起床后的读书时间作为纯粹的复习时间，用来温习前一天或者之前的学习内容。**

清早一觉睡醒，感觉神清气爽，忍不住摩拳擦掌，想要挑战新的数学题，或是和英语阅读战斗一番。但是请注意，暂时按捺住自己想要大显身手的欲望，先从复习功课开始。这可是巩固记忆的重要诀窍。

## 三明治记忆法

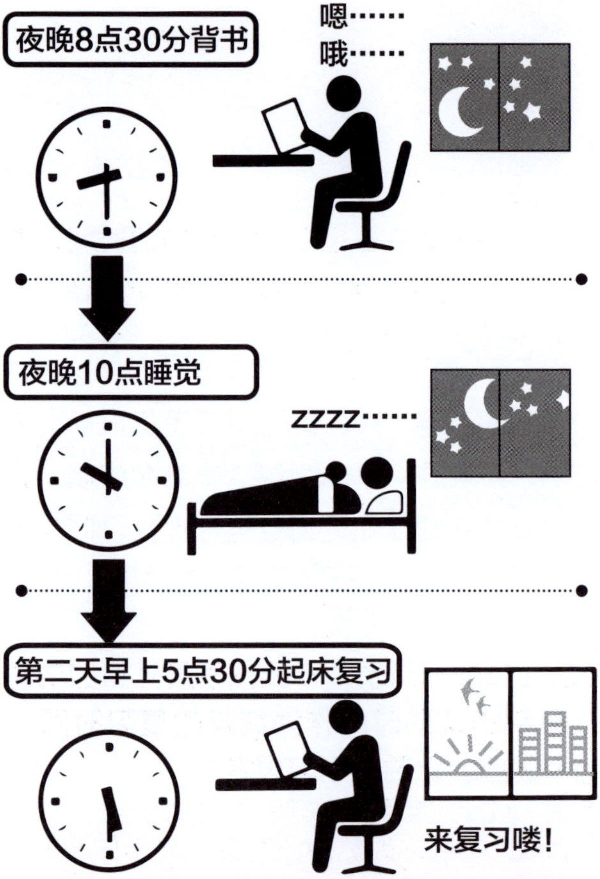

夜晚8点30分背书

嗯……

哦……

夜晚10点睡觉

zzzz……

第二天早上5点30分起床复习

来复习喽！

**用这种方法最容易将短期记忆植入长期记忆。**

04

One-Minute Tips for Effective Memorizing

# 一日三分法，将学习效率提高到极致

读书学习必须讲究方法，我推荐的是一日三分法。

大脑最活跃的时间是一天中的早上。经过中午直到晚上以后，大脑就会越来越疲惫。

中午之前，脑筋特别灵活，适合学习数学这类需要大量用脑的科目。而下午适合学习语言这类不需要大

量耗费脑力的科目。到了晚上，大脑已经相当疲惫，思绪也变得迟钝，最好不要再拿新的学习内容加重大脑的负荷，这时候最适合学习本国史、世界史这类需要记忆的科目。

只要在睡觉前建立短期记忆，通过睡眠的作用，自然就会将短期记忆植入长期记忆中。

## 中午过后，大脑开始反应迟钝

身在职场中的社会人士，也可以按照同样的原理把它应用于工作中。中午以前头脑最好用，可以胜任一个人独立完成的工作。中午以后大脑变得稍微迟缓，适合与人会面商讨等需要众人合力完成的工作。而到了晚上，大脑已经相当疲惫，正适合大家一起聚餐等的社交时间。

无论是读书还是工作，都可以用一日三分法来安排时间表。

一天当中最适合用来背书的时间，依序是：

①睡前90分钟与起床后90分钟，必须对这些时段进行最大限度的利用。

# 一日三分法

## 学习

**中午之前**

大量用脑的学科

**中午之后**

以语言学科为主

**晚上**

需要背诵的科目

## 工作

**中午之前**

一个人独立完成的工作

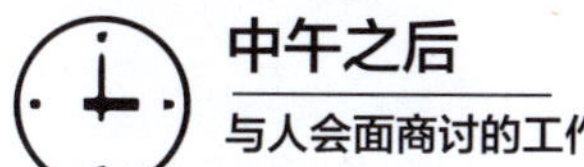

**中午之后**

与人会面商讨的工作

**晚上**

社交时间

②其他零碎时间，或是以90分钟为单位的时段。

这样可以把一天中的时间做最有效的利用，获得最好的记忆效果。

我会在第六章做详细的说明，并传授大家为大考时能有最出色的表现而制定的读书计划。

# 第六章

## 最佳状态记忆法 临时抱佛脚也能超常发挥

One-Minute Tips for Effective Memorizing

# 需用心牢记的两种内容

不少人都存有这样的幻想，“记忆天才不就是过目不忘吗？”然而，记忆天才也是人，是人就不可能不忘记。记忆天才只不过是懂得如何将记忆内容与鲜明的印象结合起来，并植入长期记忆罢了。

人的大脑都是这样运作记忆的：

**①建立短期记忆**

**②将短期记忆植入长期记忆中**

无论是爱因斯坦这样的天才，还是刚开始学习读书的小学生，还是各位读者，大家都是通过这两个步骤执行记忆过程的。

## 想用心记忆的动机只有两种

琳琅满目的记忆内容中，哪些是你真正想用心记住不忘的呢？归根到底只有以下两种动机，促使我们努力记忆不能忘记。

**①为了通过某项考试，必须记住的知识。**

**②可以受用一辈子的知识，因此想要牢记不忘。**

生活中有些情况下只需要短暂记牢就可以，比如，出门买东西必须记住购买清单。

但这毕竟只是可有可无的生活小插曲，我们从内心深处想要牢记的内容，就只有上述的①、②两种。

准备大学考试、资格鉴定考试、学校的段考等都属于状况①。这种情况下，只要考试当天能够通过合格的最低分数就算过了。而针灸师和按摩师必须熟悉身体的穴位、身为医生要牢记内脏名称与疾病的治疗方法等等，都是为了满足自己专业领域的需要，属于状况②。

想要把知识牢记不忘，最重要的诀窍就是增加复习次数。一个月复习一次或三个月复习一次也行，复习次数越多，大脑越会把它当作重要的事情看待。通过再三复习的方法加固记忆之绳，不断巩固长期记忆。

One-Minute Tips for Effective Memorizing

# 临时抱佛脚也可一鸣惊人

从细节来说，大学考试或资格考试需要记忆的内容，属于只要考试当天能通过合格的最低分数线就可以，哪怕第二天全部忘掉也无所谓，因此考试前往往出现以下两种情况：

①直到临考前一个月，还是考试拿满分的常胜将军，在考试当天却忘得干干净净，结果名落孙山。

②直到临考前一个月，还是只能考30分的考场败将，却在考试当天变身成天才，一举中第。

你是这两种中的哪一种呢？

## 为了通过考试，当一天的天才也无妨

说得极端一点，拿考试这件事来说，只要抱着如何在大考当天做个一日天才的心思，想尽办法达成这个目标就可以了。

①高中一、二年级成绩很好，升上高三却贪图玩乐，结果大学落榜。

②高中一、二年级无所事事，升上高三却发奋努力，结果一举考上第一志愿。

以上两种人，你更愿意当哪一种呢？大家的一致选择应该会是②吧！

**因此，应付大考的记忆必须以最佳状态记忆法为唯一策略，从如何发挥最佳效果为立足点，倒回去推算用功的时间表。**

在学校的表现也是如此。

# 最佳状态记忆法是准备大考的唯一作战策略

①在课堂上认真学习，期中、期末考试中却考不出好成绩。

②在课堂上老打瞌睡，却能在期中、期末考试中考出好成绩。

班上是不是有这两种人呢？

如果要说①的不好，那就是他没有发挥最佳状态记忆法的威力，没有让他的努力换回应有的回报。对于认真学习，这当然是值得肯定的，但问题的关键在于，既然要做，就要做有效率的努力，就要让辛苦的付出换回宝贵的结果，难道不是吗？

One-Minute Tips for Effective Memorizing

# 如何避免临考发挥失常

常听有人说，“我平日里总是孜孜不倦地努力用功，为什么却在考试当天遭遇滑铁卢？”，“为什么我总是一上考场就发挥失常？”你也是这样的人吗？

事实上，我以前曾被封为“日本第一临场失常男”。考高中之前，直到初三的夏天之前，我的学科学历偏差值都在70左右，拥有全年级第二名的好成绩。可就在那一年的秋天，我上体育课时不小心撞断锁骨，使得学习无法专注，结果成绩一落千丈。

4月的模拟考试，我的成绩从学历偏差值70跌落到55，高中入学考试的结果是没考上第一志愿，连第二志愿都名落孙山，最后只有一所学校录取我。

## 临场大显身手与临场发挥失常，差别到底在哪里？

同样的情形在大学入学考试的时候再次上演。高三的夏天，我参加庆应的入学大学模拟考试，夺得全国第一名的殊荣，却在正式的入学考试中落榜了。

还记得高三那年的4月以后，有一位已经复读两年的学长对我说：看你都已经十拿九稳了，好羡慕啊，你也教教我怎样学习吧！结果我只顾着教学长学习，却把自己的学习荒废了，大考当天对着考试卷一愁莫展。

决定复读之后，我参加7月份的高考全国模拟考试，拿下英语满分（200分满分），语文198分（200分满分）的成绩，成为6万名考生中的第一名。

考试结束后，补习班老师在爆满的400人的大教室中，对大家这样开门见山地说到：“大家没有必要把这次模拟考试的成绩放在心上。这次考试的时间，

就在大家才刚刚决定复读的7月举行，而且只针对复读生。它的意义，充其量也只是在今年的落榜生当中，找出谁是最接近上榜的程度却还是名落孙山的人；而这就表示，这个人是这个考场上的头号倒霉鬼。因此，在这次考试中拿第一名的，就是本年度的考生里败得最惨的，你们可不要拿下这次考试的榜首啊！”话音未落，台下400名学生爆发出一阵轰雷似的狂笑声。

可能这位老师没想到，在这场考试中拿第一的家伙，此刻就端坐在教室的最前排。当时，我顾不了那么多，正在课堂上，泪水却不断在我眼眶里打转。从此以后我再也没去上过这位老师的课。

20岁的青年石井贵士，因为在全国模拟考试中考了第一名，心灵蒙受莫大的伤害。然而，正因为如此，让我下决心改变自我。

当时我转念一想：“不对！如果复读这一年，我还是按照过去的方式学习，说不定又会重蹈覆辙，考上全国模拟考试的榜首，却在正式的高考考试中落榜。对了！那么我应该去请教成绩平平，却能在正式大考中超常发挥的黑马，究竟是怎么学习的？”

我想起自己认识的一位大家公认的超级黑马，临场表现总是特别棒，于是前去向他请教一二。

## 不必在意模拟考试的结果，正式考试才是真正论输赢

这位超级黑马在学校表现很普通，学力偏差值大概60左右，成绩在全国模拟考试的榜单中从未出现过，却同时考取了庆应大学经济学部、法学部、商学部、文学部、环境情报学部、综合政策学部，以及早稻田大学的政治经济学部、法学部、商学部。大学考取率基本上是百发百中。

当时我的成绩在庆应大学模拟考试中高居全国榜首，模拟考试成绩总是名列前茅，大学上榜的几率被认定有80%以上。却在正式高考当天，考出了庆应大学法学部、经济学部、商学部，以及早稻田大学的政治经济学部、法学部、商学部全部落榜的成绩。

我低头向这位命运和我完全相反的考场大黑马请教，让他为我指点迷津，传授我临场必胜法宝。他当时这样对我说：

## 考试过关的两大步骤

**1** 直到考前一个月为止

**2** 距离考试还有一个月……

**“模拟考试再怎么说也就是模拟而已，凡是与正式考试无关的，一概不要理会。只有正式考试当天才是一切。你做过复习笔记吗？准备大考说白了没有别的，就是不厌其烦地写下复习笔记，直到考前一个月为止，你只要不断复习笔记里面的内容，大考就可以顺利通关。**

听了他的话，我一脸错愕。这么长时间以来，我只顾解答眼前的问题、读参考书、无章法地啃书本，却从未做过复习笔记之类的东西。

想要在正式的考场上大显身手，以下两个步骤缺一不可。

①直到考前一个月为止，持续不断地写下复习笔记，只要复习笔记里面的内容，大考就可以顺利通关。

②进入考前最后一个月，把复习笔记背得滚瓜烂熟就万无一失了。

这就是考场黑马胜出的秘诀。（关于如何写复习笔记，本书第156页将有详细说明）

One-Minute Tips for Effective Memorizing

# 04 最佳状态记忆法让你通过真正的考试

这位考场黑马战将和我的对话还没有结束："我再问你，考前最后一个月，你在做什么？""唉，我在教高考复读两年的学长怎么学习……"，"喂，你是笨蛋吗？都什么时候了……考前一个月是最关键的非常时期，你怎么能这么糊涂呢？"

**要想在正式考场上发挥最佳状态记忆法的效用，就要把成功上榜作为目标，并倒回推算应该怎样用功，拟定一个作战日程表，胜败就完全看此一局了。**

只要大考那天的学历偏差值有75就可以了，不管它第二天变成30又如何。这就是大学入学考试的本质，你已经落榜了，就必须卷土重来，这一年必定要把握最佳状态记忆法的最高作战指导原则。”

我觉得他说得太好了，让我下决心决定贯彻最佳状态记忆法的极致。高三的时候，我虽然在全国模拟考试中名列前茅，可是复读这一年，全国模拟考试的英雄榜上完全没有我的名字。

## 最佳状态记忆法的唯一缺点

“原来最佳状态记忆法真的可以让我所向披靡，威力无边。”你是否也被说动心了呢?

不过最佳状态记忆法也并不是没有缺点。它的缺点就是无法获得周围人的理解。

所以从一开始我就先说服父母，希望能够得到他们的理解。我说：“复读这一年，我决定要贯彻最佳

状态记忆法的作战策略，因此模拟考试成绩将不如人愿，希望你们不要为我担心。”

尽管如此，爸爸妈妈还是非常担心。他们真的以为：

“高中三年级的时候还是全国模拟考试的第一名，当了复读生却忽然疯了……我们家儿子不行了，这可怎么办才好呢？”

周围有质疑的声音，这本来也无可厚非。我高中时，在学校的学历偏差值一直保持在70以上，而且模拟考试成绩经常名列前茅，欣赏我的考试成绩成了父母的一项爱好。

但是现在学历偏差值忽然掉到55左右，让他们急得像热锅上的蚂蚁……妈妈因为过度焦虑，甚至为此住院住了好几个月。直到我收到大学的录取通知书时，她还躺在医院的病床上。

你的身边是不是也有这样的同学，在校成绩不怎么样，模拟考试的表现也不怎么出色，却能轻而易举地考上理想的大学？他们就是懂得善用别人无法理解的最佳状态记忆法。

能够执行最佳状态记忆法的人。在学校老师眼中、父母眼中、朋友眼中，都不是天资聪颖的人。他们平时毫不起眼，但是在正式上场的紧要关头却大放异彩。现在你就正站在人生的分水岭。

①大家都看好你天资聪颖，结果考试落榜，令众人大跌眼镜。

②大家认为你脑袋愚钝，却在正式大考中大爆冷门，一举中第。

你选择当哪一种人呢?

高中时代的我是①。但是复读那一年，我脱胎换骨变成②。

所谓实践最佳状态记忆法就是改变生活方式。

One-Minute Tips for Effective Memorizing

# 05 准备高中入学考试的最佳状态记忆法

以准备高中入学考试为例，该如何执行最佳状态记忆法呢?

首先，初中一年级全力攻读英语、数学两门功课。为什么是英语呢？因为要想学好语言，必须反复一听再听，直到滚瓜烂熟。要读到滚瓜烂熟，任何人都需要时间。所以学英语必须从初中一年级开始，用足够的时间多读多练。

## 准备高中入学考试的最佳状态记忆法

| | |
|---|---|
| 初一 | 把英语和数学变成自己的拿手科目 |
| 初二 | 主攻语文，数学的学习进度要超前完成初三所有课程 |
| 初三 | 分析研读心目中的志愿学校的历届考题，主攻理科与文科 |

那全力攻读数学又是因为什么呢？要想学好数学，需要足够的逻辑分析能力。逻辑能力强，学数学就不容易忘，所以初一学会的数学，直到初三结束后参加高中入学考试也不会忘。

**在初一这一年就把英语和数学变成自己的拿手科目，之后将会变得无往不利。**

进入初二以后，把语文当作主攻科目。语文里面，又以现代白话文为首要的攻克重点。因为现代白话文是一旦掌握诀窍就可以轻松拿分的内容。初二还有一大攻读任务，就是数学的学习进度要超前，在初二就要完成初三的所有数学课程。只要能做到这一点，上初三的课程就像是在总复习一样游刃有余。

**一升上初三的首要任务，就是分析研读志愿学校的历届考题，以便把握自己的学习程度。**

进入初三以后，就要开始猛攻物理、化学和历史、政治这些需要大量背诵的科目。

已经没时间了！升上初三以后那种火烧屁股的紧迫感，会大大提高我们冲刺的效率。

像这样，先从需要良好逻辑能力的科目入手，把需要背诵的科目留到最后冲刺阶段，这就是执行最佳状态记忆法的必胜要领。

06

One-Minute Tips for Effective Memorizing

# 准备大学入学考试、复读班的最佳状态记忆法

高一的主攻重点在语文、作文。这是因为，一旦学会语文的解题要领就不容易忘记。作文也是如此，掌握写作文的诀窍后，直到高三前都不必再多费心准备。

进入高二以后，就要开始攻读英语。

按照以下顺序学习英语，可以有效提高记忆的效率。

①英语单词

②英语短语

③英语语法

## 高一主攻语文、高二主攻英语和数学、高三主攻理科和文科

要在高二的时候就把高三的所有数学课程提前学习完毕，这一点很重要。

数学注重逻辑分析能力，在高二就已经决定胜负。进入高三以后必须全力冲刺理科和文科需要记忆的科目。

高一的时候，语文学习必须提升到大学入学考学力偏差值70的水平。

高二的时候，英语和数学的学习，必须提升到大学入学考学力偏差值70的水平。

高三的时候，开始冲刺理科和文科。

## 准备大学入学考试的最佳状态记忆法

| | |
|---|---|
| 高一 | **重点放在语文和作文** <br>一旦学会不易忘记！ |
| 高二 | **熟背英语单词、短语、语法；把高三数学课程提前学习完毕** <br>数学需要逻辑能力，高二就能分胜负。 |
| 高三 | **开始冲刺理科和文科** <br>从高三开始还来得及！ |

通过这样，就可以在大学入学考试中发挥最佳状态记忆法的效用。

## 复读生进入5月以后重心就要放在总复习上

如果是复读生，9～11月专攻语文、英语、数学，冬季12～1月如果时间允许的话，请强化自己最弱的科目。2月起开始背诵理科与文科。

准备复读期间，一定要记得动手写复习笔记，以便在大考前的最后一个月做总复习。5月以后，熟读复习笔记是最主要的作业。按照以上的进度按表操课，你一定可以在正式大考当天得心应手。

要想在大考当天发挥最佳状态记忆法的最大效力，如愿考上理想的大学，就必定要妥善安排学习日程表，提先计划好每一阶段主攻哪些科目的哪些主题。

## 复读生如何执行最佳状态记忆法记忆

| | |
|---|---|
| 9～11月 | 语文、英语、数学 |
| 12～1月 | 强化自己最弱的科目 |
| 2月～ | 开始背诵理科与文科  |
| 5月 | 温习复读笔记 |

One-Minute Tips for Effective Memorizing

# 如何在考前一个月执行最佳状态记忆法

要想在正式考试当天一举中第的最快捷径，有以下两个步骤：

①直到考前一个月，不断动手写复习笔记。只要熟读笔记内容，大考就可以顺利过关。

②大考前最后一个月，反复温习复习笔记就万

无一失了！

换句话说，考前一个月的最后冲刺，以反复温习复习笔记为主。说到这里，你也许已经想好该怎么做了。

**四色文件夹就是你的复习笔记。因为你平日已经在为考前最后冲刺的复习笔记做好复习优先顺序的分类。**

## 反复将红色文件夹降落成绿色，绿色文件夹升格成红色

蓝、黄、绿、红四色文件夹当中，唯有红色文件夹是考前最后一个月的最佳复习笔记。考前最后一个月，你必须执行以下两个步骤：

①复习红色文件夹，不能一看即知的内容，就降格到绿色文件夹。

②复习绿色文件夹，能够一看即知的内容，就升格到红色文件夹。

重复以上两个步骤，直到绿色文件夹都清空了，

## 考前最后一个月必须执行的两大步骤

① 复习红色文件夹，不能一看即知的内容

② 复习绿色文件夹，能够一看即知的内容

**区分步骤1和步骤2的不同，明确自己正在执行哪一个步骤，再进行记忆。**

就证明你的最佳状态记忆法成功了。如果还有余力，可以将黄色文件夹升格为绿色、再升格到红色，那就更好了。只是，根据笔者个人经验，光是把绿色文件夹变成红色，就已经自顾不暇，很难有时间再去复习其他。

至于蓝色文件夹，最好的办法就是在考前最后一个月忍痛放弃。最佳状态记忆法可以让你在考前最后一个月的冲刺期不至于陷在书堆里手足无措，不知何去何从。从这一点来看，它也是最强的记忆法。

## 考前最后一个月的每日学习日程表，和平常一样！

各位还记得三明治记忆法吗？大考前最后一个月的冲刺，应该这样分配每天的学习时间：中午之前用来解历届考题、数学题等需要耗费脑力的作业。中午之后尽可能以熟读复习笔记为主。

用一秒一个英语单词、一秒一个英语短语、一秒一个英语语法和一秒一道数学题的速度熟读复习笔记。如果还有时间，想要复习其他内容，也在下午进行。到了晚上，是专属于复习笔记的时间。清晨仍然

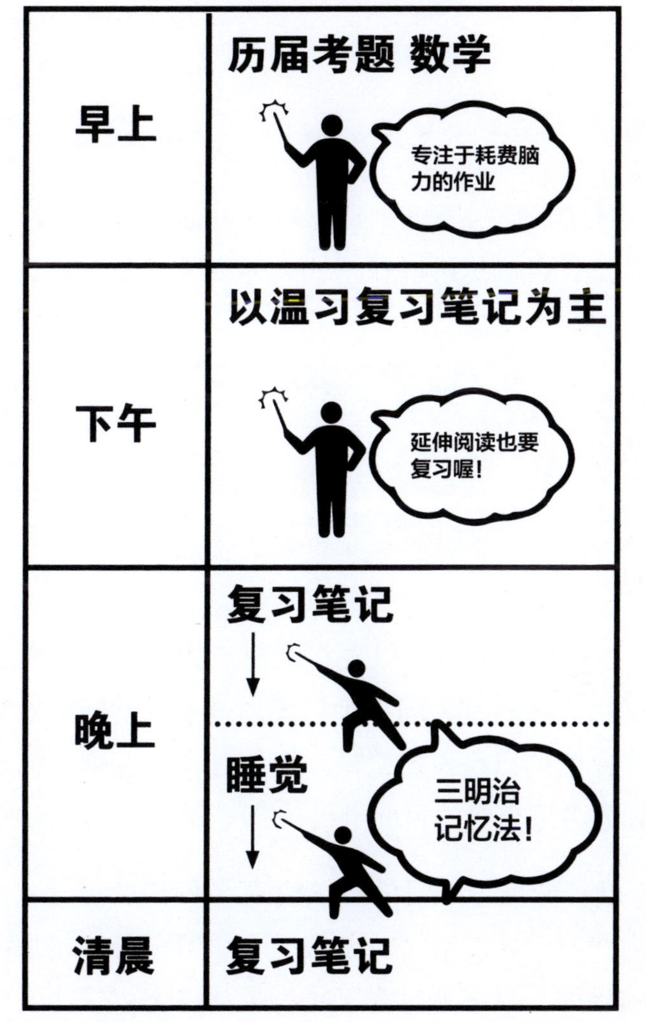
考前最后一个月的
学习日程表
早上
历届考题 数学
专注于耗费脑力的作业
下午
以温习复习笔记为主
延伸阅读也要复习喔！
晚上
复习笔记
睡觉
三明治记忆法！
清晨
复习笔记

集中复习回顾笔记。

这是考前进行最后冲刺的正确时间分配法。

## 从大考的日子往前推学习日程表

你是不是已经感觉到：只要贯彻上面的最佳状态记忆法，自己将可以在正式大考当天战无不胜、攻无不克呢?

重要的是，要从大考日那天往前推学习的日程表。

考前一个月该做什么？考前三个月又该如何规划?

规划日程表不能以现在的自己为准，而要以正式考试当天顺利过关的终极目标为基点，倒回来推算今日、此刻的自己该怎么做。把握这样的原则，你就能够如愿考取自己的目标学校。

就算考前三个月的成绩表现平平，只要大考当天成为一日天才就够了。说白了，学习一分钟超强记忆法的目的，最终就是为了执行最佳状态记忆法。至于去执行最佳状态记忆法，请各位将它视为改变自己的生活方式的事情来执行。

也就是从原本每天只会兢兢业业、毫无谋略地埋头苦干，转变成为达到实力目标而规划每天努力的进程。

此时此刻，正是你的人生180度大翻转的契机。掌握一分钟超强记忆法，你就是记忆天才！

# 后记

熟练以下四种方法，就等于学会一分钟超强记忆法。

①随时意识到记忆有不同类型！灵活运用记忆法

②刺激右脑！四色记忆法

③将短期记忆植入长期记忆！三明治记忆法

④成为大考当天的一日天才！最佳状态记忆法

首先，请先了解记忆有四种类型。

①短期记忆

②长期记忆

③单纯记忆

④影像记忆

为了提升学习效率，使用红、绿、黄、蓝四种颜色加以分别，刺激右脑发挥记忆功能。又为了进一步将短期记忆植入长期记忆中，学习三明治记忆法，发挥一日的最佳记忆效率。

最后，善用最佳状态记忆法，确保大考金榜题名。于是，你就顺理成章地成为记忆天才。

就是这个顺序：

①了解大脑的记忆运作机制。

②了解如何使用右脑提升记忆效率。

③了解如何发挥一日的最佳记忆效率。

④了解大考当天如何顺利过关的记忆法。

最后，就只差身体力行了。读完《一分钟超强记忆法》，觉得这真是一本好书呢！如果仅止于有这样的感动，人生不会有任何改变。

从今天起，我就要训练自己一秒记一个单词！现在立刻去商店，买红、绿、黄、蓝四色文件夹！这样的人才能够改变人生。

来吧！想要改变自己的人生，此刻正是你踏出第一步的时候！我会永远以无比的热情为大家加油打气！

石井贵士

这里可以免费下载四色魔幻记忆纸

http://www.1study.jp

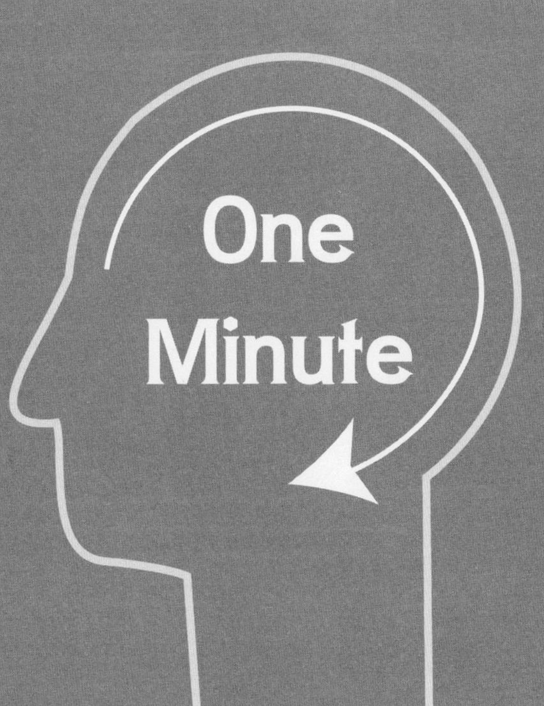
One
Minute

One
Minute